AF549815

Die schönsten Upcycling-Ideen mit Kreidefarbe

Andrea Kutsch

Die schönsten Upcycling-Ideen mit Kreidefarbe

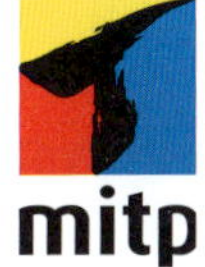

Bibliografische Information der Deutschen Nationalbibliothek

Die Deutsche Nationalbibliothek verzeichnet diese Publikation in der Deutschen Nationalbibliografie; detaillierte bibliografische Daten sind im Internet über http://dnb.dnb.de abrufbar.

Bei der Herstellung des Werkes haben wir uns zukunftsbewusst für umweltverträgliche und wiederverwertbare Materialien entschieden.

Der Inhalt ist auf elementar chlorfreiem Papier gedruckt.

ISBN 978-3-7475-0707-0

1. Auflage 2023

www.mitp.de

E-Mail: mitp-verlag@sigloch.de

Telefon: +49 7953 / 7189 - 079

Telefax: +49 7953 / 7189 - 082

Lektorat: Nicole Winkel
Fotos: Andrea Kutsch
Covergestaltung: Sandrina Dralle / Christian Kalkert
Satz: Petra Kleinwegen
Druck: ADverts in Riga, Lettland

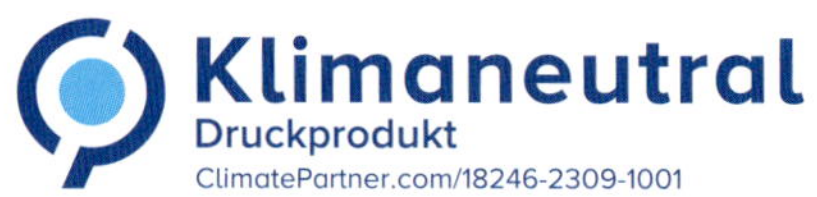

Inhalt

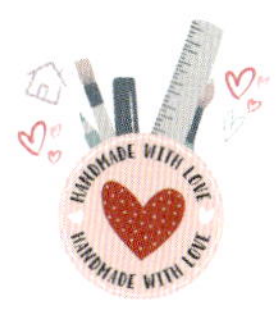

Kreativtechniken

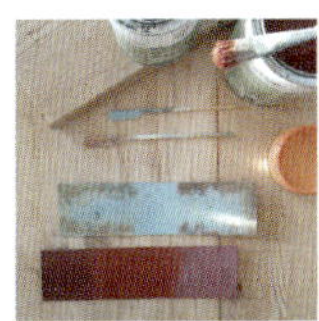

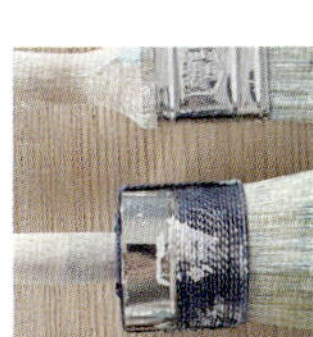

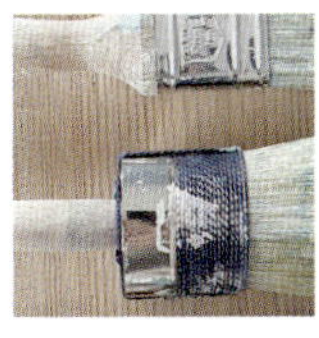

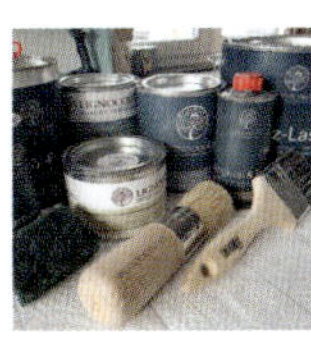

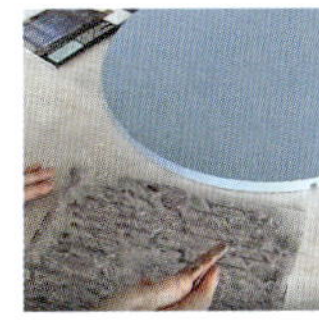

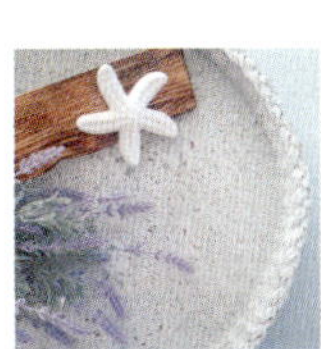

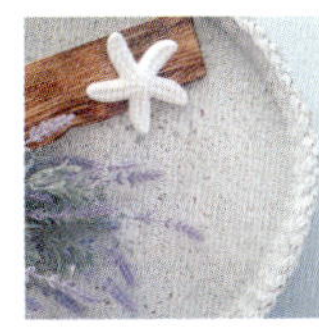

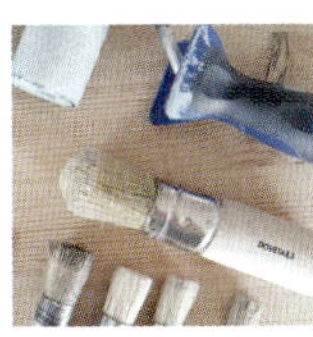

Projekte

Vorwort

Wie schön, dass du dir dieses Buch gekauft hast.

Dein Herz schlägt für DIY – du findest es toll, schöne Dinge selberzumachen, besonders aus alten Dingen neue Lieblingsstücke zu schaffen.

Du hast damit die Möglichkeit, nicht nur dein Möbelstück in deiner Lieblingsfarbe zu streichen, sondern auch gleich noch passend dazu die Blumentöpfe oder die alten Vasen aufpeppen.

Sicher nimmst du oft auch ein Fundstück mit, weil dir die Art oder Form sehr gut gefällt. Nur die Farbe müsste eine andere sein oder könnte eine Auffrischung gebrauchen.

Mit Kreidefarbe kannst du sehr viele wunderbare Upcycling-Ideen umsetzen.

Was ist Upcycling?

Man nehme einen alten Gegenstand, Rohstoffe etc. und gebe ihnen nach ihrem eigentlichen Lebenszyklus ein neues KREATIVES Leben. Dabei kann man alte Gegenstände einfach nur kreativ neugestalten oder, was natürlich noch interessanter ist, zweckentfremden. Dabei entstehen nicht nur coole und individuelle Objekte, sondern es werden natürlich auch Ressourcen geschont.

Der Grundgedanke hinter Upcycling ist: Warum einen neuen Rohstoff verwenden oder abbauen, wenn doch bereits Unmengen an bereits geschürften Rohstoffen zur Verfügung stehen?

Bestimmt hast du schon viele DIY-Upcycling-Projekte bewundert, die aus alten Gegenständen gemacht wurden. Und ganz bestimmt hast du dir auch schon oft gedacht: »Wow, das möchte ich auch können.«

Hier in diesem Buch kannst du dich mit ein paar Grundlagen und Gestaltungstechniken vertraut machen.

Du wirst merken, dass unglaublich viel Spaß macht und bald kein Gegenstand mehr vor deinem Pinsel sicher sein wird. Und wenn du dann den Dreh so richtig raushast, denken andere bei deinen neuen Lieblingsstücken:

»Wow, das will ich auch können!«

kreativstattandrea.

schöne Dinge selber machen

Über mich

Ich bin Andrea, die Gründerin von **kreativstattandrea** und dem DIY-CAMP **#Streichfieber**.

Ich liebe es, schöne Dinge selber zu machen, und meine ganz besondere Leidenschaft gehört dem Upcycling alter Dinge und dem Streichen mit Kreidefarbe.

Es macht mir Freude, dir dabei zu helfen, deine Möbel und andere Dinge neu zu gestalten. Lass dich mit auf die Reise nehmen, **entdecke deine Kreativität und sei stolz auf das, was du geschaffen hast.** 💐

Schon in meiner Jugend habe ich das Potential von DIY für mich entdeckt. Damals hieß das noch Handarbeiten und Basteln. Dadurch konnte ich mir günstig **viele schöne Pullover** nach meinen Vorstellungen stricken. Aus alten Frotteebettlaken habe ich mir sogar **Oberteile genäht**. Heute würde man das Upcycling nennen. 😉

Natürlich kam da auch **viel Lob** aus dem Umfeld **um die Ecke.** 👏 Und mal ganz ehrlich: Wer liebt es nicht, gelobt zu werden? Da hat das eigene Tun doch gleich noch mehr Sinn und macht viel mehr Freude.

Das »Do It Yourself« hat so seine eigenen verschlungenen Wege. Man entdeckt und findet sich dabei immer wieder neu.

Im Laufe der Zeit findet man heraus, was man mit wirklicher Leidenschaft aus dem Herzen heraus macht. ♡

Und da habe ich das **Upcycling** und die **Kreidefarbe** entdeckt, weil ich aus der Not heraus eine

Schrankwand streichen musste. Eine **Neue** zu kaufen, wäre einfach **zu teuer** gewesen. Zuvor hatte ich **noch nie** ein Möbelstück gestrichen. Also musste ich mich dazu erstmal gründlich einlesen, mit welcher Farbe man Möbel am besten streicht.

Etwas mulmig war mir schon, als ich den ersten Anstrich sah. Er war so furchtbar scheckig. Ich bekam ein **bisschen Angst**. Denn mein Mann war von meiner Streichidee nicht so begeistert und wenn das nun **daneben ging**? Was dann?🤔

Ja, und **seitdem** bin ich nun im **#Streichfieber**. Mir haben sich dadurch so viele neue Möglichkeiten eröffnet. Was farblich nicht passt, wird nun passend gestrichen. 🖌

Damit **du** und viele andere DIY-Fans gleich **von Anfang an so richtig durchstarten können** 🚀, habe ich angefangen mein DIY-Know-how zum Upcycling und zum Streichen mit Kreidefarbe in **Anleitungen, Kursen** und in diesem Buch zur Verfügung zu stellen.

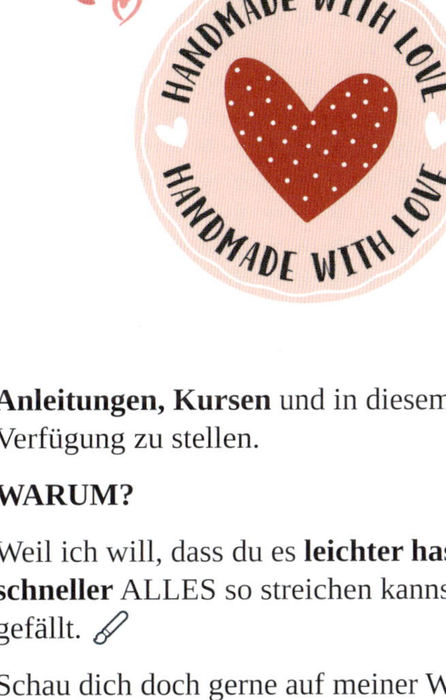

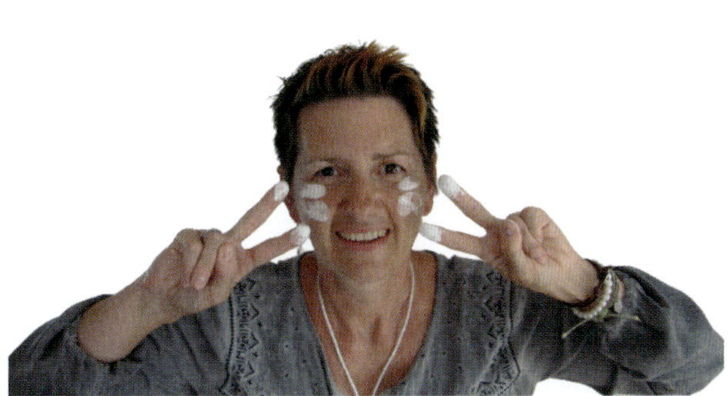

WARUM?

Weil ich will, dass du es **leichter hast** als ich und **schneller** ALLES so streichen kannst, wie es dir gefällt. 🖌

Schau dich doch gerne auf meiner Website ***https://kreativstattandrea.de*** um und entdecke weitere Inspirationen für deine DIY-Leidenschaft.

Viel Spaß beim Kreativsein!

Deine Andrea

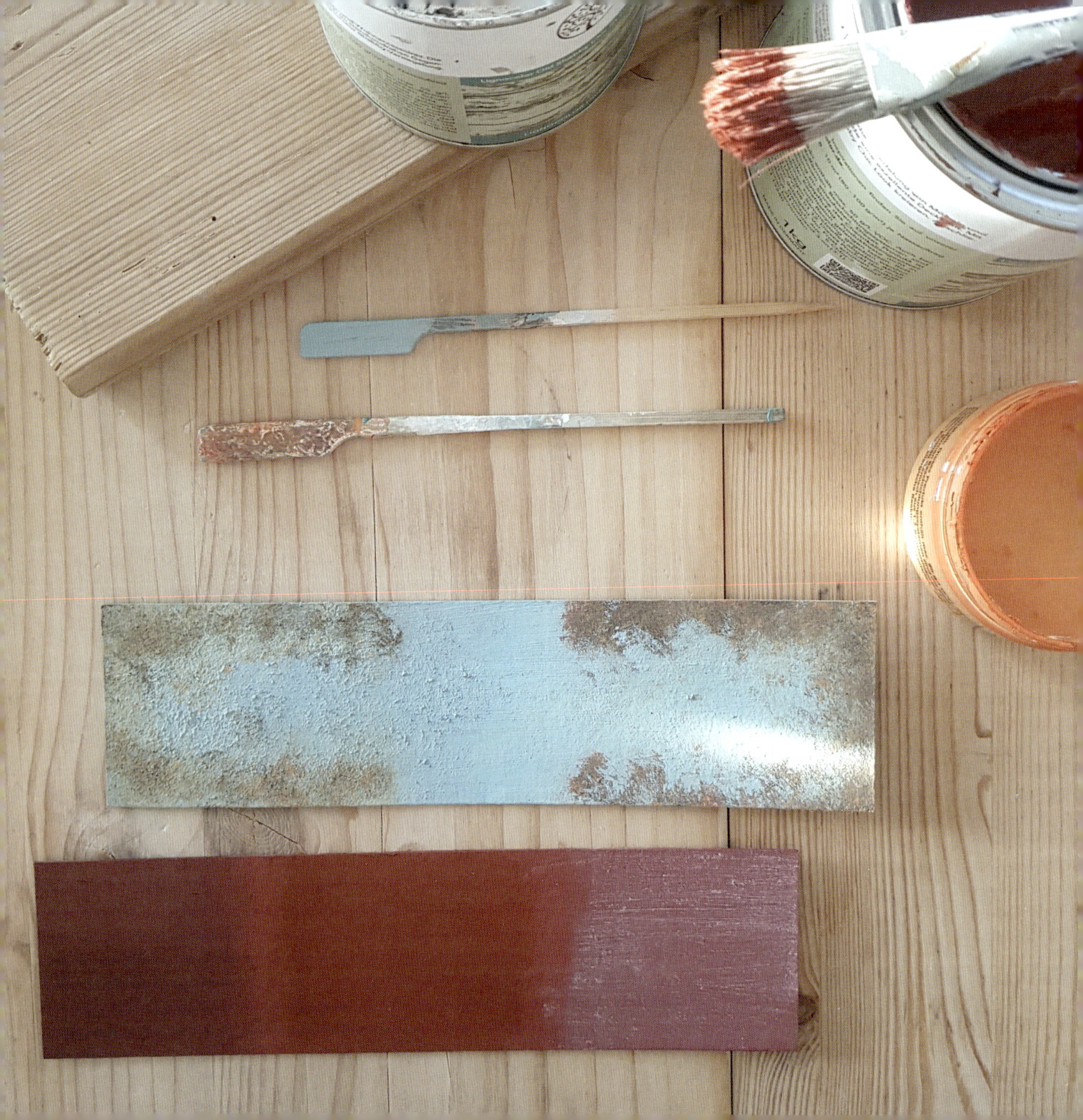

Warum Kreidefarbe?

Auf dem Markt sind viele verschiedene Arten von Farben erhältlich.

Vielleicht hast du dir auch mal die Frage gestellt, ob evtl. sogar Wandfarbe geeignet ist oder eine andere Farbe, die du noch zuhause rumstehen hast.

Nicht alle Farben sind gleich, jede hat ihre eigenen einzigartigen Eigenschaften, um unterschiedliche Oberflächen zu schaffen.

Kreidefarbe ist auf Wasserbasis und das hat einen entscheidenden Vorteil:

Man kann sie problemlos wieder aus Pinseln, Kleidung und Lappen auswaschen, solange sie noch feucht ist. Dazu genügt fließendes Wasser, ich nehme gerne noch etwas Seife dazu. So werden auch gleich die Hände wieder schön sauber.

Ein weiterer Vorteil der wasserbasierten Farben:

Man kann sie einfach für eine geringere Deckkraft mit Wasser verdünnen. So kann man sie auch super als Beize verwenden.

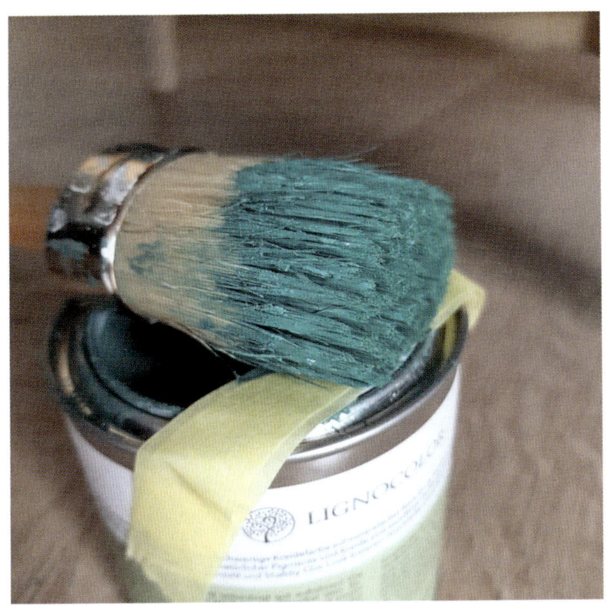

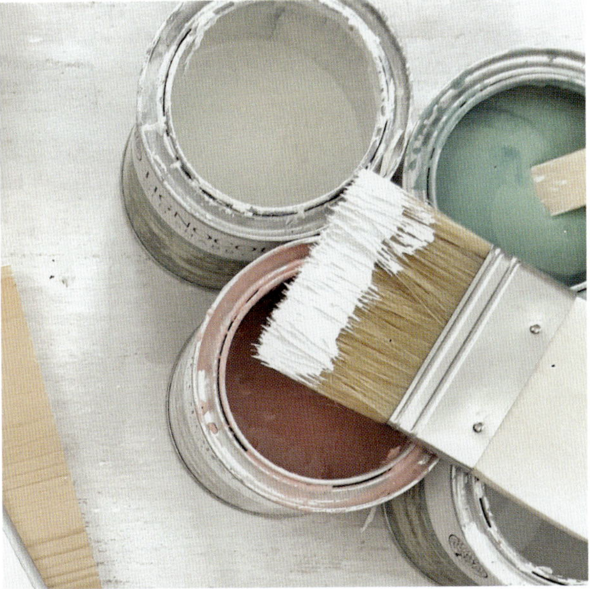

Merkmale:

- Dekorative Farbe auf Wasserbasis
- Ultramattes Aussehen
- Ohne schädliche Chemikalien

Geeignet für:

- Innen- und Außenbereich
- Für fast jede Oberfläche
- Natürlicher Schutz gegen Schimmel
- Atmungsaktiv

Inhaltsstoffe:

- Kreide
- Naturpigmente und Wasser
- Talkum und Bindemittel (z.B. Harz)

Ihre Vorteile:

- Sehr einfach in der Anwendung
- Haftet auf fast allen Oberflächen
- Ideal für den Shabby Chic
- Trocknet sehr schnell
- Gute Deckkraft
- Sprühfähig

Ihre Nachteile:

- Sichtbare Pinselstriche, vor allem bei dickflüssiger Kreidefarbe
- Gerbsäure blutet bei hellen Farben durch
- Versiegelung muss sein

Pinsel oder Rolle?

Generell kannst du mit beiden Werkzeugen deine Möbel und Co. streichen. Am Ende ist es einfach eine Geschmackssache und wie fein du die Oberfläche haben willst.

Was mit der Rolle schneller geht, ist das farbliche Gestalten großer Flächen. Bei schmalen Stegen ist sie ein geniales Streichwerkzeug.

Pinsel sowie Rollen gibt es in unterschiedlichen Größen. Hier solltest du dich immer an deinem Projekt orientieren, was auch für die Pinselform gilt.

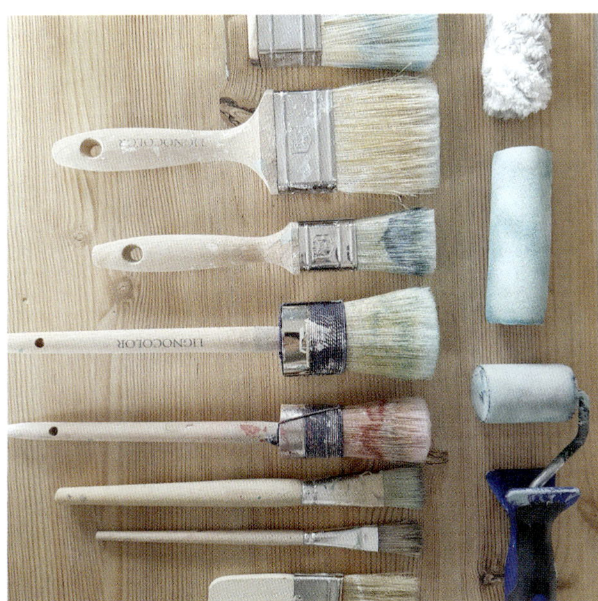

Der Pinsel

Achte auch darauf, dass deine Pinsel sowie Farbrollen für wasserbasierte Farben geeignet ist, wenn du mit Kreidefarbe arbeitest.

Ein wirklich wichtiges Kriterium aber ist das Material der Borsten. Hier unterscheidet zwischen man zwischen Natur- und Synthetikborsten.

Die Naturhaarborsten

Die meisten Pinsel sind aus Naturborsten gemacht. Hier kannst du dir schon mal ein Preiskriterium merken: Je länger oder je dichter die Haare, desto teurer der Pinsel.

Weißt du, woher das kommt?

Die meisten Naturborsten stammen vom chinesischen Schwein – ein reines Naturprodukt also, das beim Schlachten der Tiere abfällt. Je länger die Borsten sind, desto älter war das Schwein und umso teurer wird der Pinsel.

Vorteile der Naturborsten

Sie laufen spitz zu, haben eine Oberflächenschuppung – ganz wie das menschliche Haar – und an den Spitzen sind sie mehr gespalten. Das kennst du vom Haarspliss. Daher kann dieser Pinsel mehr Farbe aufnehmen als die gleichmäßigen synthetischen Borsten und du kannst die Farbe sehr gleichmäßig auf der Oberfläche verteilen.

Bei guter Pflege sind sie auch sehr widerstandsfähig und du hast lange Freude an den Naturhaarpinseln.

Nachteile der Naturborsten

Der Nachteil der Naturborsten liegt darin, dass sie bei Verwendung von wasserbasierten Farben irgendwann aufquellen und kein sehr schönes Streichbild mehr ergeben. Das kann übrigens auch passieren, wenn du sie zu lange im Wasserbad stehen hast, bevor du sie reinigst.

Die Synthetikborsten

Nur weil sie nicht aus Naturmaterialien hergestellt sind, sind sie deswegen nicht schlechter.

Vorteile der Synthetikborsten

Bei Verwendung von wasserbasierten Farben quellen sie nicht auf und vertragen auch mal eine längere Wartezeit im Wasserbad bis zur Reinigung.

Nachteile der Synthetikborsten

Da sie nicht wie die Naturborsten einen »Haarspliss« haben, nehmen sie weniger Farbe auf. Du musst deinen Pinsel also öfter aufladen, dafür gibt es aber ein gleichmäßigeres Streichbild.

Inzwischen sind auch die künstlichen Pinsel in der Farbaufnahme besser geworden. Das wird dadurch erreicht, dass nicht alle Haare dieselbe Länge haben.

Die Farbrolle

Auch die Farbrollen gibt es in unterschiedlichen Größen und verschiedenen Florlängen, wobei eine Langflorrolle beim Streichen von glatten Oberflächen nicht gebraucht wird.

Vorteile der Rolle

Die Rolle ist klar im Vorteil, wenn es um große glatte Flächen geht, wenn viele schmale Stege zu streichen sind, oder wenn du einen wirklich dünnen und gleichmäßigen Materialauftrag haben möchtest. Sie hinterlässt auch keine Pinselstriche!

Nachteile der Rolle

Sie bringt deutlich weniger Farbe auf die Oberfläche. Im Vergleich zum Pinsel benötigst du meist einen Anstrich mehr, um dieselbe Deckkraft zu erhalten.

Florlänge

Je kürzer der Flor bzw. Schaumstoff, umso glatter das Ergebnis. Mit einem längeren Flor könntest du, ähnlich wie beim Pinsel, Struktur auf die Oberfläche bringen, da ein längerer Flor mehr Farbe aufnimmt und wieder abgibt.

Vorbereiten der Oberflächen

Wenn du erst mal angefangen hast, mit Kreidefarbe zu arbeiten, dann wirst du feststellen, dass du wirklich so gut wie alles damit streichen kannst.

Jedoch gibt es eine Menge unterschiedlicher Oberflächen, wie zum Beispiel:

- Holz / Holzfurnier – naturbelassen, geölt, gewachst, lackiert, gestrichen
- Beschichtungen wie Laminat, Acryl, Folie
- Metall, Kunststoff, Glas, Stoff, Beton, Stein, Fliesen …

Sehr oft sieht die Oberfläche wie echtes Holz aus. Bei genauer Betrachtung stellt man jedoch fest, dass es nur ein Fake ist. Natürlich ist es immer eine Frage des Preises, inwieweit man sich Vollholzmöbel leisten kann.

Beim Upcycling spielt das aber gerade keine Rolle – vorausgesetzt du weißt, wie du mit jeder Oberfläche richtig umgehst, damit du deine Idee umsetzen kannst.

Du merkst schon, dass das Thema sehr ausschweifend werden kann. Mir ist es wichtig, dass du mit Spaß an die Sache rangehst, und deswegen beschränke ich mich auf zwei einfache Oberflächen: Holz und beschichtete Möbel.

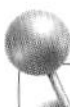

Anmerkung

Ich gehe hier von intakten Oberflächen – also ohne Beschädigung – aus.

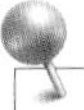

Tipp

Sollte dich nach diesem Buch das #Streichfieber packen, dann wirst du merken, dass es hier sehr viele Facetten der einzelnen Oberflächen gibt und auch so manche Tücke. Bevor du dann daran verzweifelst und die Lust verlierst, kann ich dir hierzu meinen kostenpflichtigen BASIS-Online-Kurs »Vorbereiten & Versiegeln« empfehlen: ***https://kreativstattandrea.de/ok-oberflaechen***

Holzmöbel

Wenn diese naturbelassen sind bzw. die Wachsversiegelung schon älter ist, reicht meist eine Reinigung mit einem Fettlöser bzw. Anlauger aus.

Sollte das Möbelstück mit einem Lack versiegelt worden sein und dieser absolut intakt sein, dann genügt, es ihn mit einem Schleifpapier Körnung 120 anzurauen und danach gut zu entstauben und zu reinigen.

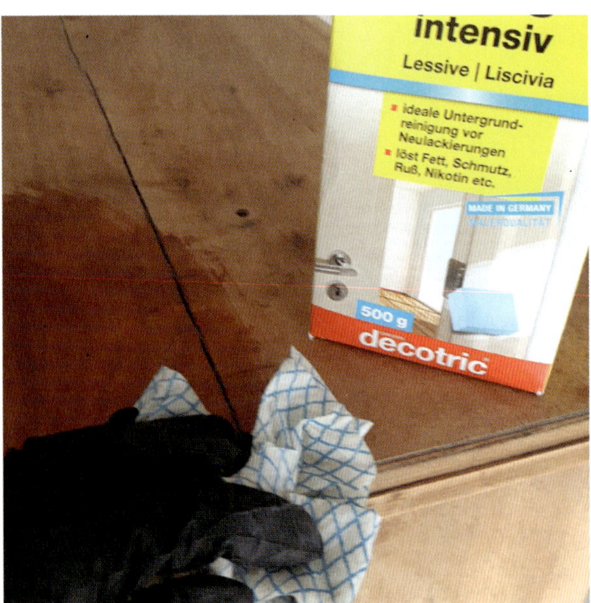

Du kannst den Lack aber auch gerne ganz abschleifen. Schleife in drei Durchgängen mit einer Schleifmaschine:

Durchgang 1 – Körnung 60
Durchgang 2 – Körnung 180
Durchgang 3 – Körnung 240

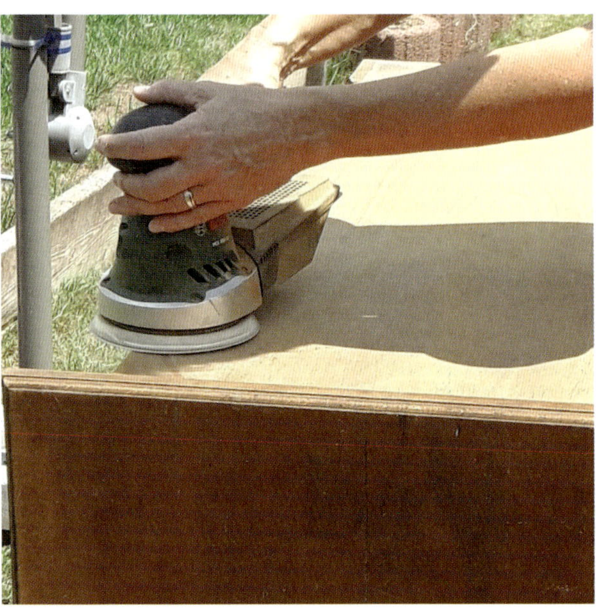

Achtung

Bitte trage unbedingt eine Schutzbrille und einen Mundschutz, um dich vor dem Schleifstaub und Holzsplittern zu schützen.

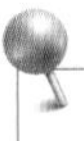

Aufgepasst

Es gibt Hölzer wie Eiche, Teak und diverse Tropenhölzer, die sehr viel Gerbsäure (Tannin) enthalten.

Trägt man nun Farben auf Wasserbasis auf, dann können diese Holzarten die Gerbsäure austreten lassen, wodurch gelbliche Verfärbungen entstehen.

Diesen Effekt nennt man »durchbluten«.

Allerdings kann es dir auch bei Kiefernholz passieren. Je bunter das Holz (auch Astlöcher), desto höher die Wahrscheinlichkeit.

Deswegen trage als Vorsichtsmaßnahme bei sehr hellen Farbtönen unbedingt einen Sperrgrund auf. Er wird auch oft Primer genannt.

Beschichtete Möbel (Laminat, Acryl, Folie)

Diese Oberflächen musst du auf jeden Fall sehr gut mit einem Schleifpapier der Körnung 180 anrauen, danach gut entstauben und reinigen.

Wenn du vorhast, hier auf einem sehr dunklen Untergrund mit einer sehr hellen Farbe zu streichen, dann trage bitte einen weißen Sperrgrund auf. Somit sparst du dir mindestens 1 Schicht der Farbe und du erhältst ein deckendes Endergebnis.

Versiegeln der Oberflächen

Du hast es geschafft! Dein Projekt ist fertig und sicher willst du sehr lange Freude an dem neuen Look haben.

Deswegen stellt sich nun die Frage nach der richtigen Versiegelung. Hierzu gehören ja nicht nur gestrichene Flächen. Auch die naturbelassenen Holzelemente benötigen die richtige Versiegelung und Pflege.

Es gibt sehr viele Möglichkeiten der Versiegelung. Hier mal eine kleine Aufzählung: Möbelwachs, Hartwachsöl, Öl-Firnis, Lacke für unterschiedliche Einsatzbereiche

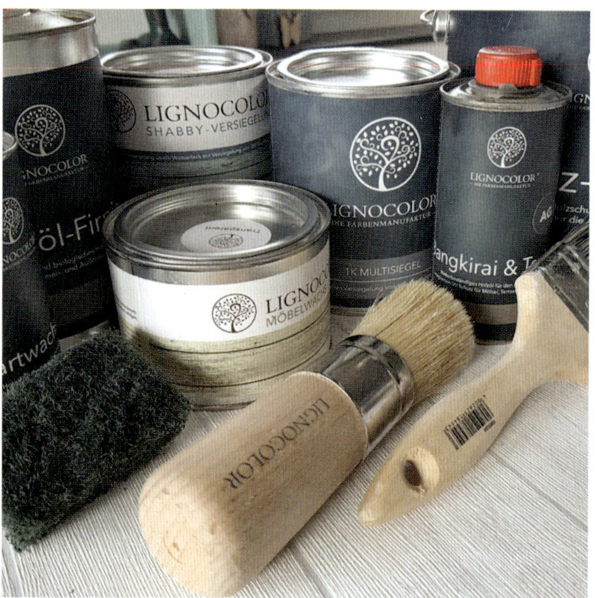

Um dich nicht zu überfordern, werden wir uns hier in diesem Buch auf die beiden Versiegelungsprodukte beschränken, die bei den Upcycling-Ideen zum Einsatz gekommen sind.

Das sind:

- Möbelwachs in transparent und farbig
- Shabby Lack matt

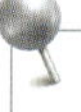

Tipp

Wenn du hier dein Wissen vertiefen willst, kann ich dir meinen kostenpflichtigen Basis-Leitfaden »Versiegeln von Oberflächen aller Art« empfehlen:

https://kreativstattandrea.de/leitfaden-versiegeln

Die Vorbereitung des Untergrundes

Naturbelassenes Holz solltest du am besten mit einem Fettlöser gut reinigen, evtl. vorher schleifen, je nach Zustand der Oberfläche.

Nach einem frischen Anstrich mit Kreidefarbe musst du darauf achten, dass die Farbe gut durchtrocknet. Also warte mindestens zwei Stunden.

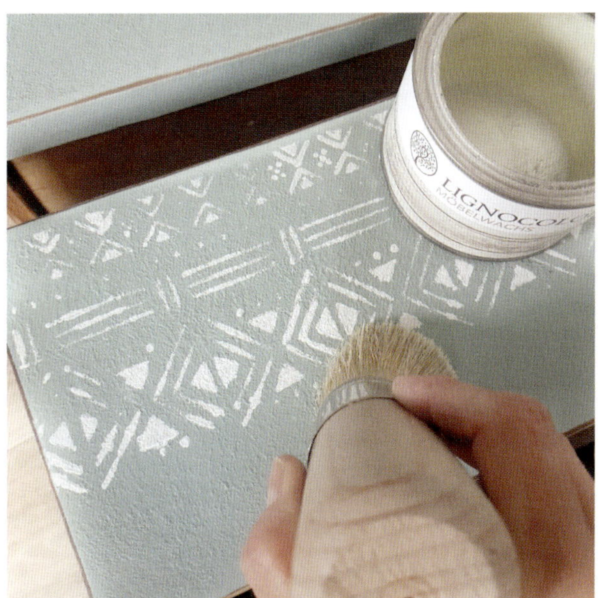

Das Möbelwachs

Möbelwachs kannst du sowohl zum Versiegeln der Kreidefarbe als auch für naturbelassene Holzoberflächen verwenden.

Das Pflegen mit Holzwachsen gehört auch zu den ältesten Formen, Oberflächen zu pflegen und zu schützen. Wachse werden überwiegend im Innenbereich und auf wenig beanspruchten Oberflächen wie Schränken, Kommoden und Deko verwendet.

Sie schließen die Oberfläche, geben ihr Feuchtigkeit, machen sie wasser- und schmutzabweisend, gewähren einen Schutz gegen Kratzer und haben eine samtige Haptik. Sie sind einfach in der Anwendung und Verarbeitung. Außerdem lassen sie sich leicht ausbessern.

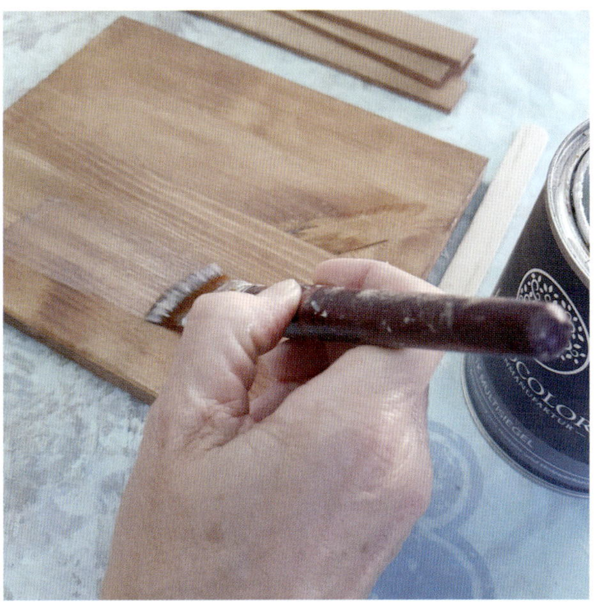

Die Anwendung

1. Holzwachs auftragen

Holzwachs trägst du am besten mit einem Pinsel oder einem fusselfreien Tuch auf. Bei gröberen Oberflächen empfehle ich dir den Pinsel.

Das Auftragen sollte mit leichtem Druck erfolgen. Ob kreisend oder der Holzmaserung folgend – das spielt hierbei nicht wirklich eine

Rolle. Viel wichtiger ist, dass nur eine dünne Schicht Wachs aufgetragen wird.

Nach ca. 30 Minuten kannst du den Überschuss mit einem fusselfreien Tuch abnehmen.

2. Holzwachs trocknen lassen

Bis ein Möbelwachs richtig durchgetrocknet (gehärtet) ist, können zwei bis drei Wochen vergehen. Es hört dann auch auf zu kleben. Das Warten vor der Beanspruchung lohnt sich aber! Nach ca. 24 Stunden kannst du das Möbelstück jedoch schon an seinen Platz stellen und auch einräumen.

Der Klarlack

Ein Klarlack ist ein Beschichtungsstoff, der auf organischem Bindemittel basiert. Je nach Art enthalten diese Lösemittel oder Wasser. Der Klarlack ist transparent.

Ein Klarlack bietet dir den besten Schutz für deine Oberfläche, egal ob es sich um Naturholz oder eine gestrichene Fläche handelt. Er ist am widerstandsfähigen und es gibt ihn mehreren Abstufungen, je nach Einsatzgebiet.

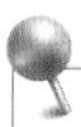

Achtung!

Bei Farben auf Wasserbasis muss auch der Klarlack auf Wasserbasis sein. Das ist bei Kreidefarben der Fall.

Lack kannst du nicht so einfach mal ausbesseren. Hier musst du dann den ganzen Lack abschleifen, um ihn zu erneuern.

Tipp

Wenn du bei hellen Hölzern ein Durchbluten der Gerbsäure verhindern möchtest, dann verwende vorher einen transparenten Sperrgrund. Sonst färbt sich das Holz gelblich.

Der matte Klarlack passt perfekt zur matten Optik der Kreidefarbe.

Die Anwendung

1. Klarlack auftragen

Hierfür kannst du einen Pinsel oder eine Rolle verwenden. Feuchte diese leicht an und trage die Schicht gleichmäßig auf. Lasse sie für 2-3 Stunden trocknen. Danach kannst du direkt ohne Zwischenschliff eine zweite Schicht auftragen.

Wenn du einen optimalen und langlebigen Schutz wünschst, dann lasse nun die Lackschicht über Nacht trocknen, mache einen Zwischenschliff mit einem 180er Schleifpapier und entstaube gut, bevor du die dritte Schicht aufträgst.

Besonders einfach aufzutragen ist die Shabby-Versiegelung von Lignocolor.

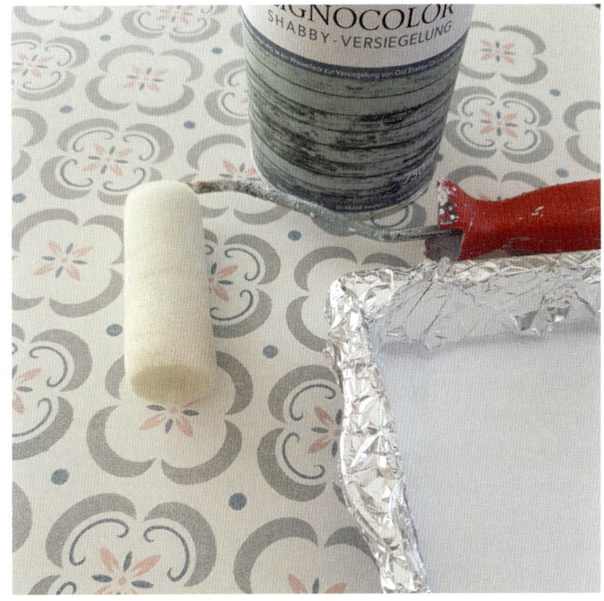

2. Klarlack trocknen lassen

Nach ca. 10- 16 Stunden ist die Oberfläche soweit trocken, dass du dein Möbelstück einräumen kannst. Endgültig ausgehärtet und strapazierfähig ist der Lack erst nach mehreren Wochen.

Material und Werkzeug

Auch beim Upcycling bzw. Streichen mit Kreidefarbe gibt es eine Menge an Material und Werkzeug – wie im richtigen Handwerkerleben. 😊

Darunter gibt es wirklich notwendige Utensilien und vieles als »Nice to Have«.

Du findest bei den Upcycling-Ideen immer eine Material- und Werkzeugliste. Um es dir leichter zu machen und auf Knopfdruck zu meiner Empfehlung zu kommen, findest du auf dieser Seite zu jedem Projekt die Materiallinks:

https://kreativstattandrea.de/material-buch1

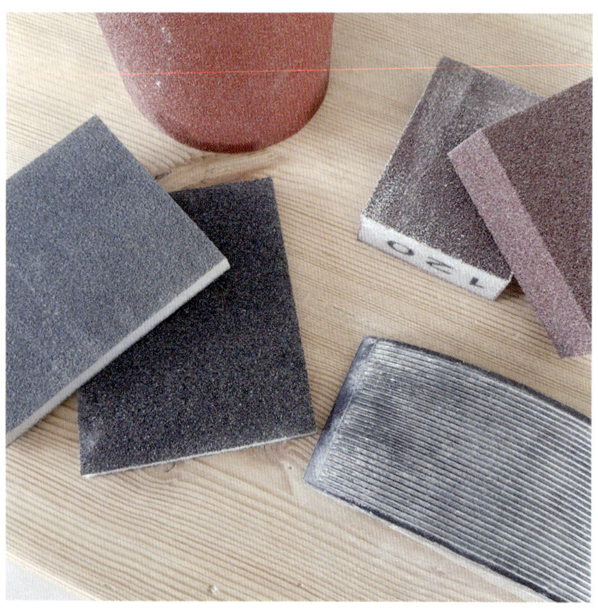

Das brauchst du auf jeden Fall:

Material

- Kreidefarbe – gibt es auch in 100 ml Dosen
- Sperrgrund transparent
- Möbelwachse transparent oder farbig – gibt es auch in Mini-Dosen
- Shabby-Versiegelung – matter Lack
- Fettlöser oder Anlauger
- Klebeband
- Cuttermesser
- Küchenpapier und fusselfreie Tücher
- Schleifpapier

Werkzeug

- Sprühnebler
- Farbdosenöffner
- Holzspatel zum Umrühren
- Pinsel in verschiedenen Größen
- Farbrollen in verschiedenen Größen – Kurzflor oder Schaumstoff
- Wachspinsel
- Schleifklotz, Schleifblöcke oder -vlies
- Schleifmaschine – wenn du Möbelstücke komplett abschleifen willst

Bei meinen zwei Hauslieferanten gibt es für dich einen **5% Rabattcode:**

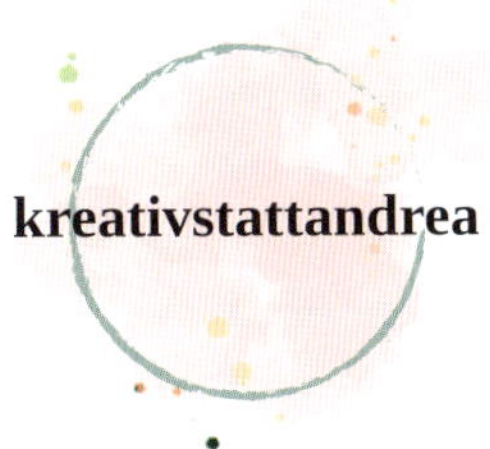

Der Code funktioniert nur über die folgenden Links*:

Hauslieferant Nr. 1 – Lignocolor:

https://kreativstattandrea.de/affiliate-lignocolor

Hier bekommst du Kreidefarbe, Glitzerfarbe, Wandfarbe, Holzbeize, Pinsel, Schleifblöcke, Farbrollen, Möbelwachs, Shabby-Versiegelung und so einiges mehr.

Hauslieferant Nr. 2 – Vintage-Designer:

https://kreativstattandrea.de/affiliate-vintagedesigner

Hier bekommst du Saltwash®, Kreidefarbe, Schablonen, MAGIC PAINT Transferfolie, Decor Stamps, Decor Moulds, Decoupage-Papier und besondere Materialien für Mixed Media.

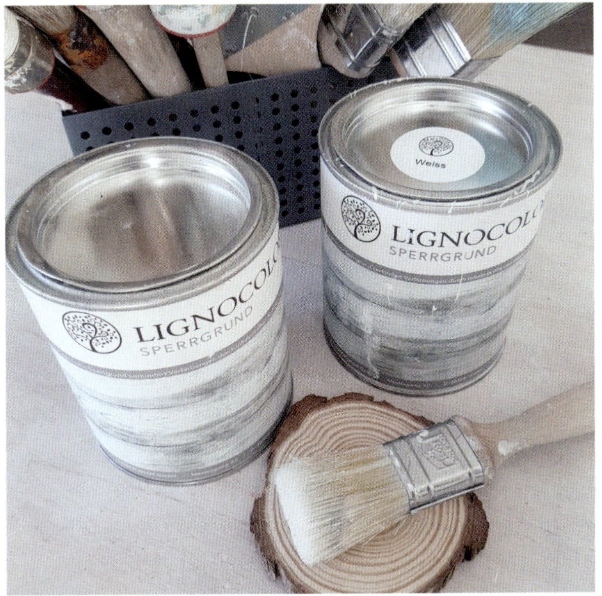

Alle anderen verwendeten Materialien und Werkzeuge findest du in meinen Schaufenstern auf **Amazon**: ***https://kreativstattandrea.de/amazon***

*__Alle Affiliate Links__ sind von mir freiwillig eingefügt und dienen als Materialvorschlag. Ich erhalte eine kleine Provision, wenn du über diesen Link einkaufst. Dadurch wird es nicht teurer, aber du unterstützt mich ein bisschen. Lieben Dank ☺

Decor Stamps / Clear Stamps

Decor Stamps bekommst du in **verschiedenen Größen** und auch in unterschiedlichen Qualitäten. Du kannst die Clear Stamps vom Scrapbooking genauso verwenden wie die großen Stempel von ReDesign oder IOD.

Welche Farbe kannst du verwenden?

Richtig einfach und praktisch sind die **INK-Pads**. Sie sind ähnlich einem Stempelkissen. Also kannst du damit die Farbe auf den Clear Stamp tupfen. Geht super easy. Der Vorteil der Tinte ist, dass sie länger feucht bleibt und du somit mehr Zeit hast, um dein Motiv auf die Oberfläche zu stempeln.

Jedoch geht es ebenso mit **Kreidefarben** und sehr gut mit den **Metallicfarben**. Bei der Kreidefarbe musst du die Farbe beim ersten Druck zweimal auftragen. Ab dem zweiten Druck reicht es aus, nur einmal über die Oberfläche zu rollen. Kreidefarbe trocknet schneller. Hier musst du also bei großen Stempeln zügig arbeiten, damit dir die Farbe nicht antrocknet.

Um die Kreidefarbe auf den Stempel aufzutragen, empfehle ich dir eine **Gummiwalze**. Du gibst die Farbe auf einen Teller oder ein Plastikpaddel. So kannst du die Farbe am besten auf die Gummiwalze übertragen.

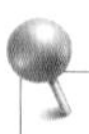

Was tun, wenn der Druck verschmiert?

Das kann schon mal vorkommen, vor allem bei großen Stempelplatten. Der Grund dafür ist entweder zu viel Farbe oder du hast aus Versehen die Platte quer bewegt, statt nur zu drücken.

Solange die Farbe feucht ist, kannst du die Kreidefarbe mit einem nassen Tuch von der Oberfläche abnehmen. Das musst du aber gleich machen. Am besten hast du eine Sprühflasche und ein Tuch parat.

Die Anwendung

Schritt 1

Nimm ein Schleifpapier Körnung 240 oder feiner und raue damit die Oberfläche des Stempels leicht an. So haftet die Farbe besser.

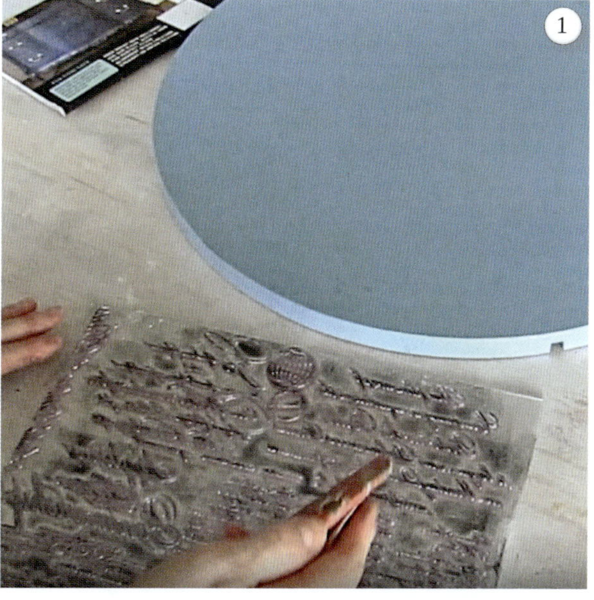

Schritt 2

Gib Farbe auf den Stempel.

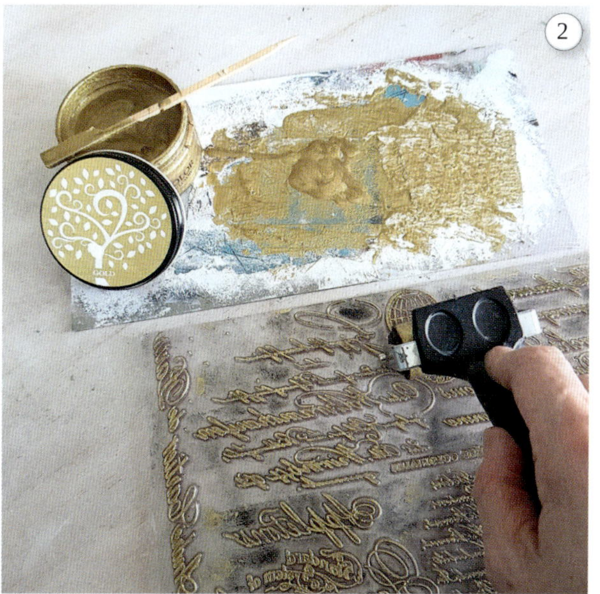

Schritt 3
Platziere dein Motiv auf der Oberfläche, ohne es hin und her zu ruckeln. Also hinlegen und gut ist es.

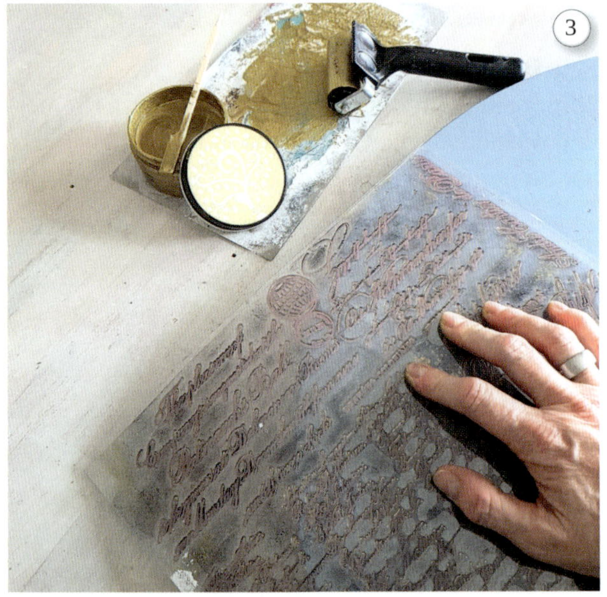

Schritt 4
Gib nun mit den Händen oder den Fingern Druck auf die Trägerplatte – eine Gummiwalze würde auch gehen. So stempelst du die Farbe auf dein Projekt.

Hebe den Stempel hoch, indem du ihn einfach gerade nach oben anhebst. Also nicht seitwärts von der Oberfläche ziehen.

Den Clear Stamp solltest du am Ende mit lauwarmem Wasser und einem Tuch oder Schwamm reinigen, damit keine Farbe dein Motiv verstopft. Feuchte Tücher kannst du auch verwenden.

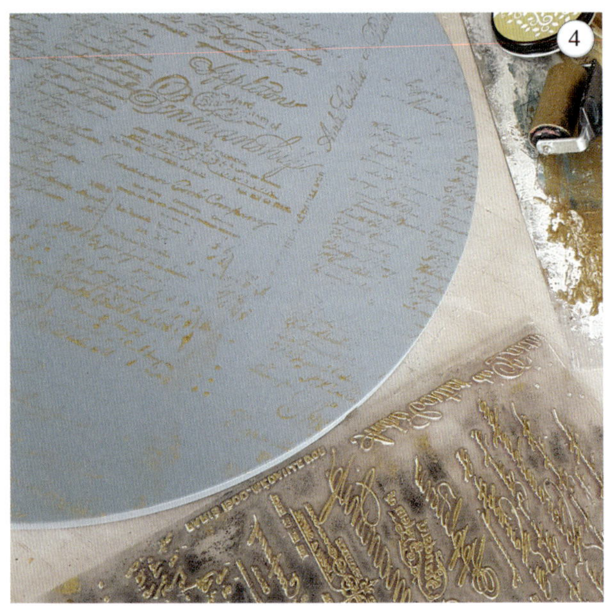

Dry Brushing

Mit dieser Technik – auch Trockenbürsten genannt – kannst du schöne Strukturen auf der Oberfläche schaffen oder ganze Möbelstücke wie zufällig gestrichen wirken bzw. eine verwitterte Optik entstehen lassen.

Auch den Shabby Chic kannst du damit gestalten, falls du nicht schleifen möchtest.

Material:

- Kreidefarbe
- Papiertuch

Werkzeug:

- Dünne Flachpinsel

So wird's gemacht:

Schritt 1
Du nimmst etwas Kreidefarbe auf den Pinsel und wischst oder tupfst anschließend die Farbe auf einem Papiertuch wieder ab, bis sich nur noch eine geringe Menge Farbe an den Pinselhaaren befindet.

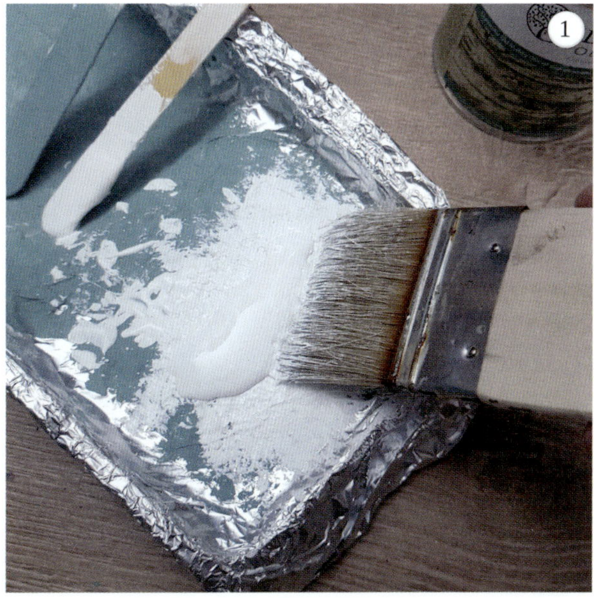

Schritt 2
Wichtig ist es, darauf zu achten, dass das Papier, das du zum Abtupfen des Pinsels benutzt, öfters ausgetauscht wird, damit es mit der Zeit nicht zu feucht wird.

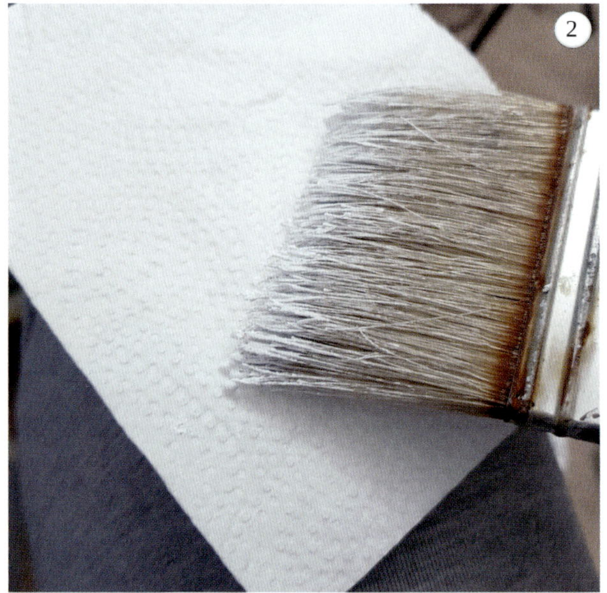

Schritt 3
Nun wird der Pinsel über die Oberfläche »gebürstet«, um die Farbe aufzutragen.

Je nachdem, wie steil du nun den Pinsel über die Oberfläche ziehst, desto mehr bzw. weniger Farbe bleibt auf der Oberfläche zurück.

⇨ Flache Haltung = wenig Farbauftrag

⇨ Steile Haltung = mehr bis viel Farbauftrag

Übe diese Technik am besten auf einem Stück Holz oder Karton, damit du ein Gefühl dafür entwickelst. Das Dry Brushing kannst du auch verwenden, um dich an eine Farbtonintensität heranzutasten.

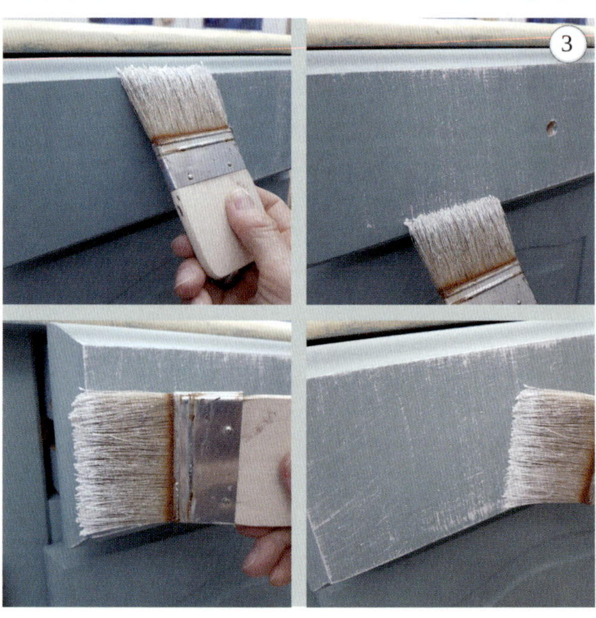

Saltwash®

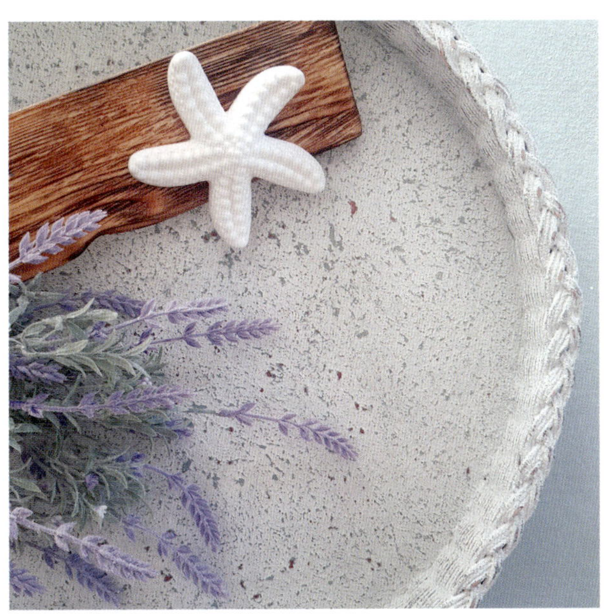

Saltwash® ist genau das richtige für einen von Salzluft verwitterten Look. Mit diesem Strukturpulver kannst du sehr interessante Oberflächenstrukturen schaffen und auch mal Unebenheiten verdecken.

Es gibt diese Art von Strukturpulver inzwischen auch schon von anderen Herstellern. Einige habe ich schon getestet, aber ich komme immer wieder zum Original zurück.

Die Original-Produktbeschreibung:

Saltwash® eignet sich ideal für Möbel, aber auch für Wände, Böden, Accessoires und Stoffe. Es kann auf Holz, Laminaten, Glas, Textilien, Kunststoffen und vielen anderen Materialien, sowohl intern als auch extern angewendet werden.

Dank des Gehalts an echtem Meersalz trocknet Saltwash® schnell (dreidimensional) und zeigt eine ausgezeichnete Haftung. Powder Saltwash®, das jeder Farbe oder jedem Finish hinzugefügt werden kann, bildet ein integrales und gebrauchsfertiges Produkt. Die richtige Konsistenz ermöglicht die Anwendung auf fast allen lackfähigen Oberflächen.

Quelle: ***https://ilovesaltwash.com/saltwash-auf-deutsch/***

Mischverhältnis mit Kreidefarbe:

4 Teile Farbe und 3 Teile Saltwash®

Wenn du eine feinere Textur schaffen willst, dann erhöhe den Anteil an Farbe.

Rechts oben: feine Textur

Links unten: mittlere Textur

Rechts unten: grobe Textur

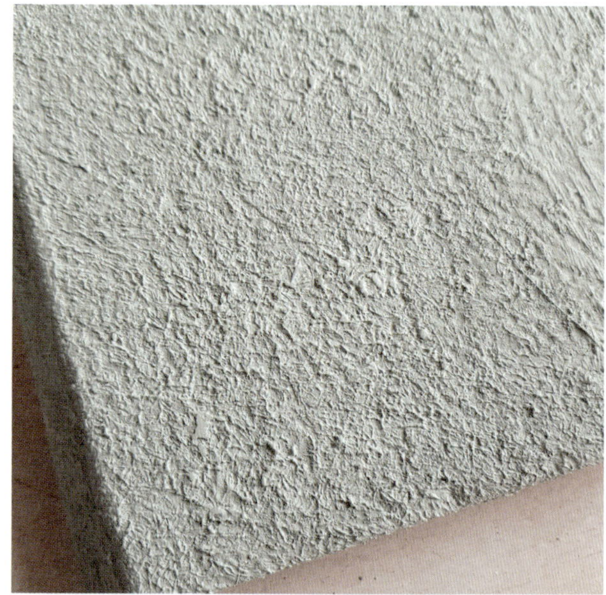

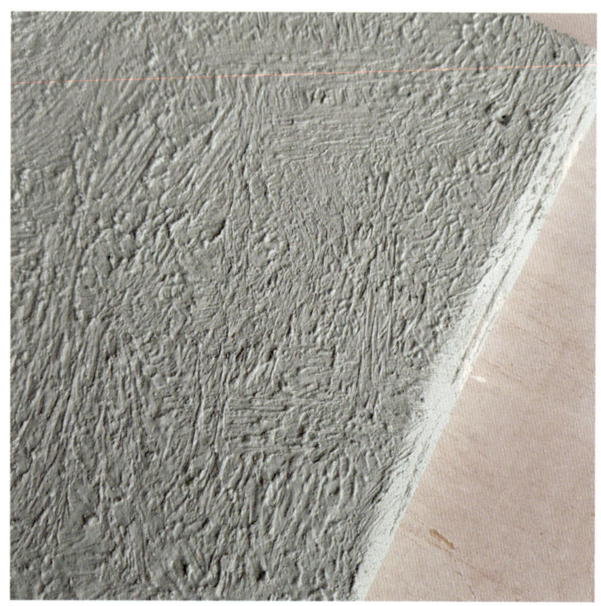

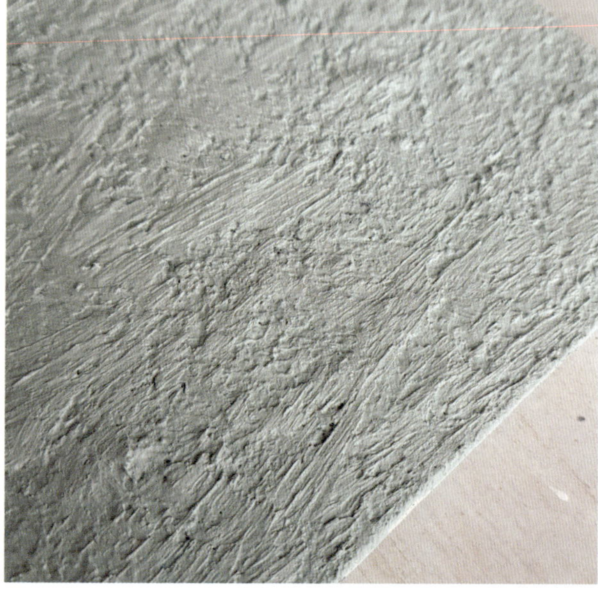

Die Anwendung

Schritt 1

Trage deine Mischung mit einem etwas ausgefransten Pinsel tupfend auf die Oberfläche. Nimm reichlich von der Farbe, damit genügend Material auf dem Untergrund ist.

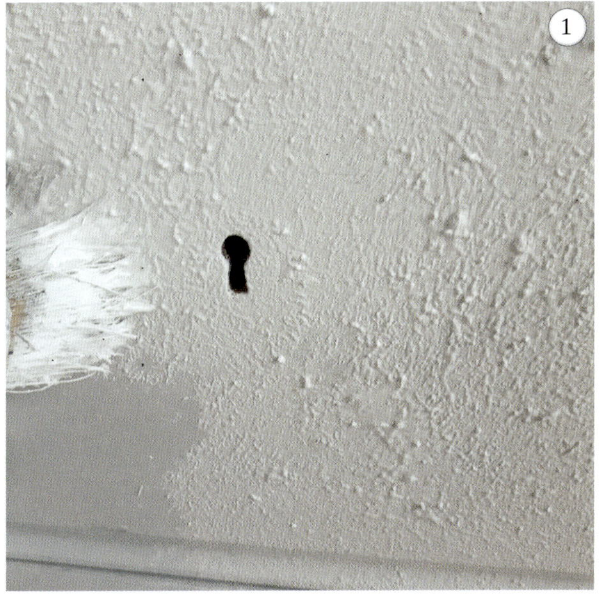

Schritt 2

Wichtig: Nach jeder Schicht, die du mit Saltwash® aufträgst, musst du die entstandenen »Spitzen« brechen.

Warte hierfür, bis die Farbe etwas angetrocknet ist. Bei Lignocolor warte ich immer so 4-5 Minuten. Das kann je nach Marke etwas variieren.

Das »Brechen« machst du mit einem flachen Pinsel. Halte den Pinsel in einem flachen Winkel und streiche kreuz und quer über die Oberfläche, um die »Spitzen« zu glätten. Säubere dabei regelmäßig deinen Pinsel auf einem Tuch, damit er trocken bleibt.

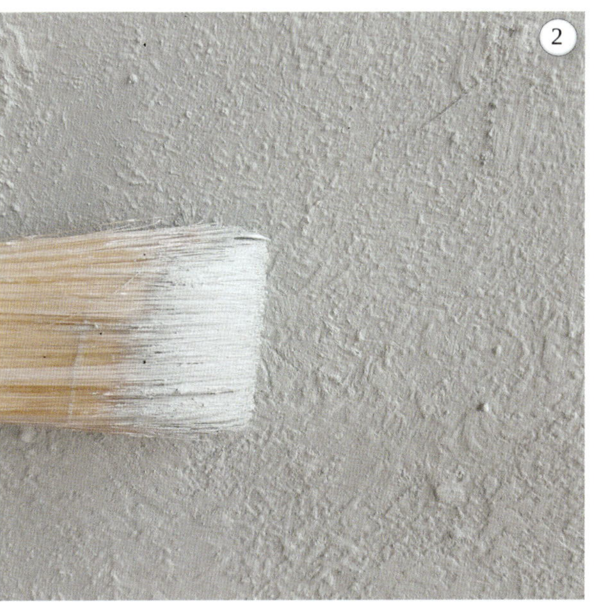

Schritt 3
Du kannst die Schritte 1 und 2 noch mit einer zweiten Farbe wiederholen, für einen Look im Shabby Chic.

Lass nun alles ein paar Stunden gut durchtrocknen.

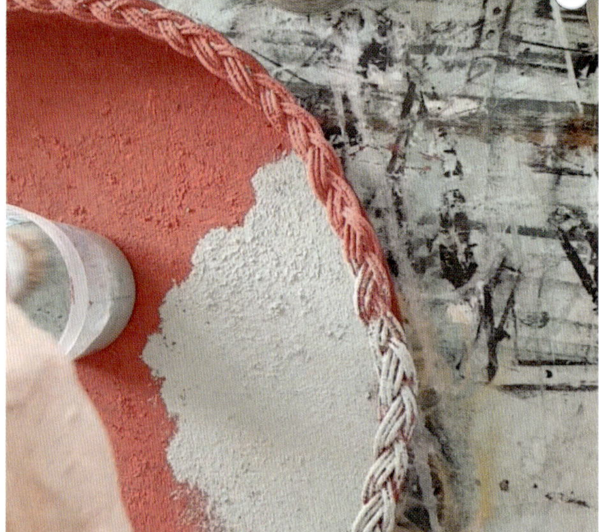

Schritt 4
Diesen Schritt brauchst du nur nach Schritt 3.

Nimm ein Schleifpapier der Körnung 180 und einen Schleifklotz oder die Schleifmaschine. Schleife damit über die Oberfläche. Nun kommt der untere Farbton wieder zum Vorschein.

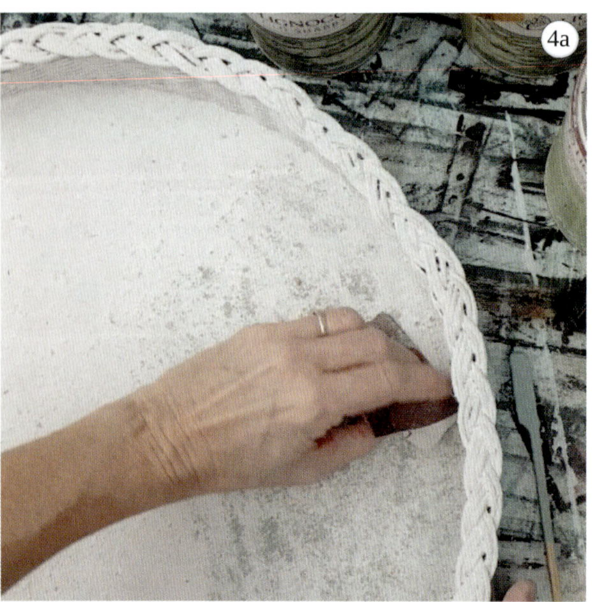

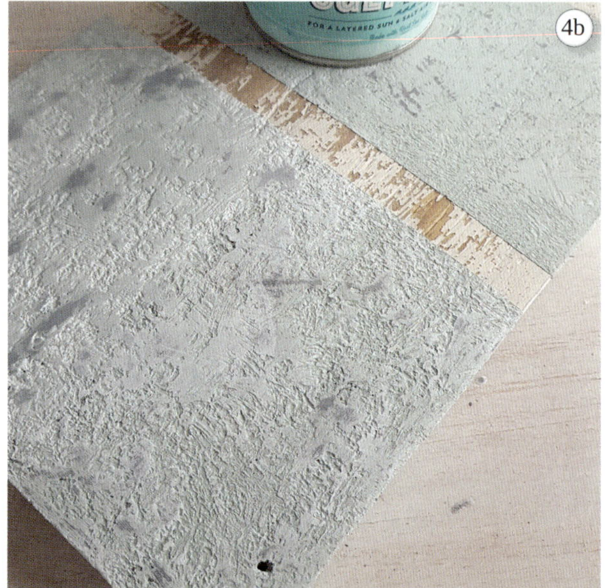

Gibt es Saltwash® auch als Spray?

JA 😉 – jedoch kannst du es so nicht kaufen, sondern stellst es selbst her. Du kannst damit auch Gläsern und Flaschen einen wunderschönen Salzluft-Look geben.

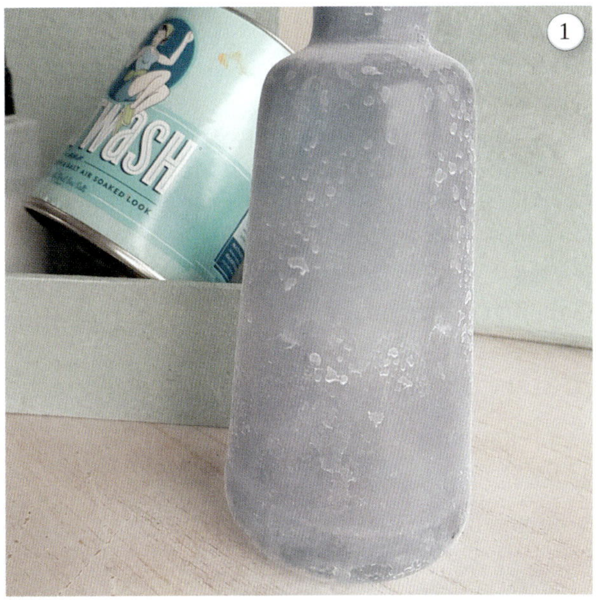

Material:

- Saltwash®-Pulver
- Weiße Kreidefarbe
- Sprühflasche 100 ml

Mischverhältnis für Sprühflasche 100 ml:

- 2 ml Saltwash®-Pulver
- 2 ml Farbe in Weiß
- 80 ml Wasser

Das Gemisch musst du sehr gut durchschütteln und während des Sprühvorgangs immer wieder gut aufschütteln.

Die Anwendung

Jede Saltwash®-Schicht solltest du gut trocknen lassen, bevor du die nächste aufsprühst. Dein Geschmack entscheidet, wie oft du das wiederholst.

Am Ende brauchst du noch eine Versiegelung. Hierfür eignet sich am besten die matte Shabby-Versiegelung von Lignocolor. Streiche diese mit einem weichen Flachpinsel zügig auf die Oberfläche. Du kannst den Vorgang auch wiederholen.

Danach ist die Oberfläche unempfindlich.

Schablonieren

Das Schablonieren und Stempeln ist eine wunderbare Möglichkeit, um einem Möbelstück oder anderen Dingen einen besonderen Touch zu verleihen. Es gibt so viele verschiedene Motive, die den Charakter deines Projektes noch mehr zur Geltung bringen können.

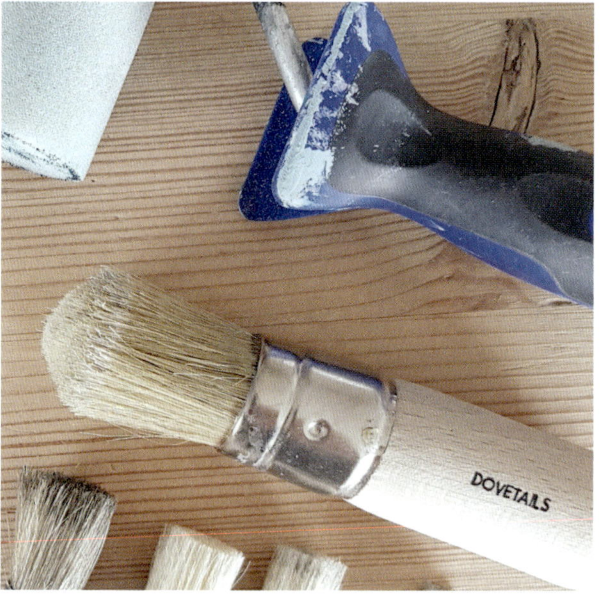

Material:

- Kreidefarbe
- Klebeband
- Schneiderkreide

Werkzeug:

- Schablone
- Stupfpinsel oder Schaumstoffrolle

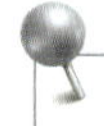

Tipp für den Shabby Chic

Schabloniere vor dem Schleifen, damit Du dann beim Anschleifen deines Shabby Looks auch das Motiv leicht mit anschleifen kannst. Es soll ja zum Used Look passen.

Überlege dir, wie dein Motiv / Muster auf dem Projekt platziert werden soll. Setze dir hierzu gerne Markierungen. Das geht sehr gut mit Schneiderkreide, da man diese auch wieder »wegradieren« kann, oder mit einem Kreppband.

Bei Mustern über größere Flächen hinweg markierst du am besten den Mittelpunkt und schablonierst von der Mitte nach außen. Dafür kannst du dir auch auf der Schablone mithilfe eines Kreppbandes Markierungen setzen.

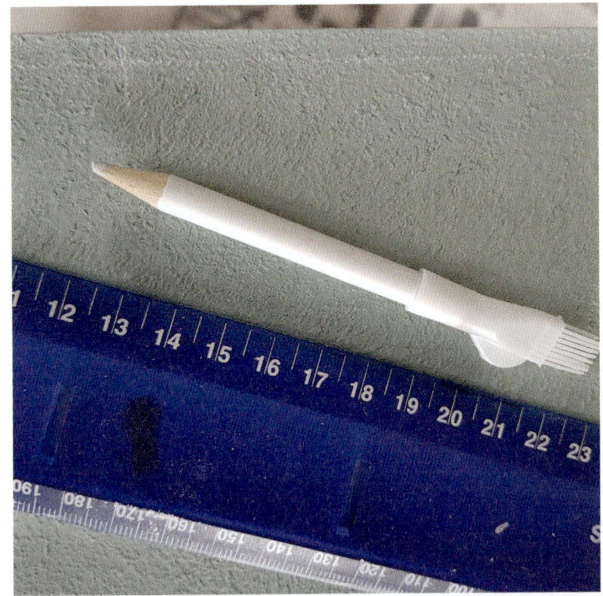

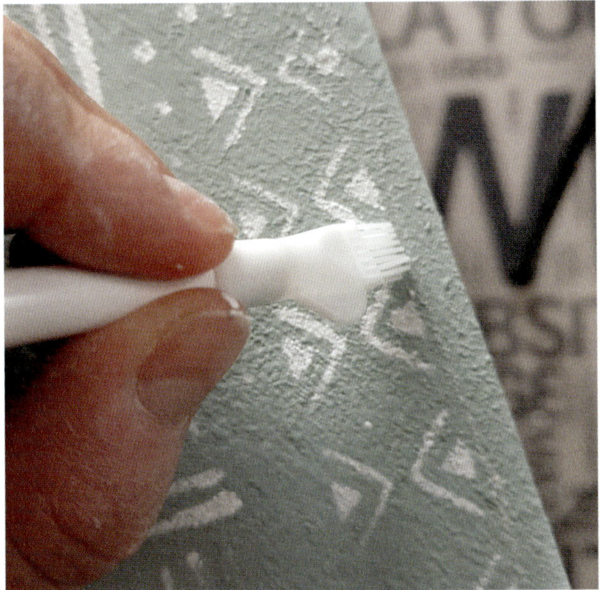

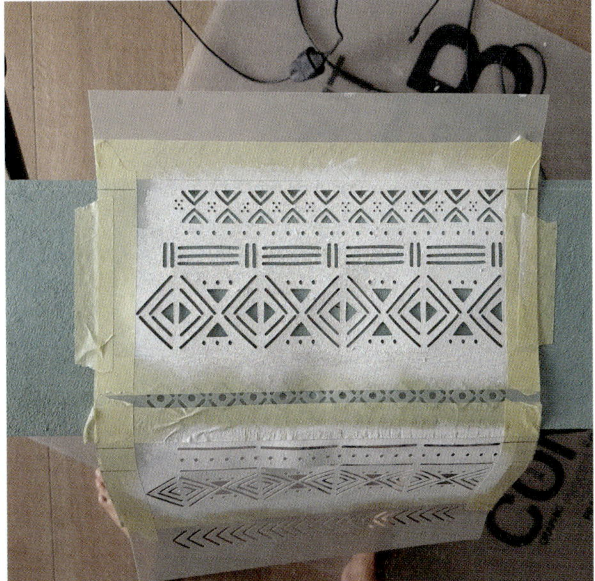

Die Schablone sollte immer wieder von Farbresten auf beiden Seiten befreit werden, damit gerade bei sehr feinen Motiven keine »Verstopfungen« entstehen und das Ergebnis ruinieren.

Am Ende solltest du die Schablonen natürlich immer gründlich reinigen. Lege sie dazu am besten in eine kleine Wanne oder ins Waschbecken: etwas Wasser dazu, aufweichen lassen und dann mit einer weichen Bürste reinigen. Manchmal reichen hierfür auch feuchte Tücher aus.

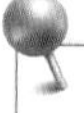

Die wichtigen Regeln lauten:

Möglichst wenig Farbe verwenden. Den Pinsel oder Rolle auf einem Tuch/Papier von Überschuss befreien. Stupfpinsel und Schwammtupfer beim Tupfen senkrecht halten und bei der Schaumstoffrolle ohne Druck rollen.

Zu viel Farbe, eine falsche Pinselhaltung bzw. zu viel Druck bei der Rolle bringen Farbe unter die Schablone. Dadurch wird das Ergebnis unsauber und unklar.

So schablonierst du richtig:

Die Schablone klebst du mit Kreppband auf die Oberfläche, damit sie nicht verrutschen kann. Bei sehr dünnen Schablonen eignet sich hierfür auch ein Non-Permanent-Sprühkleber.

Dabei ist es egal, ob du nun mit dem Stupfpinsel, dem Schwammtupfer oder der Schaumstoffrolle schablonierst.

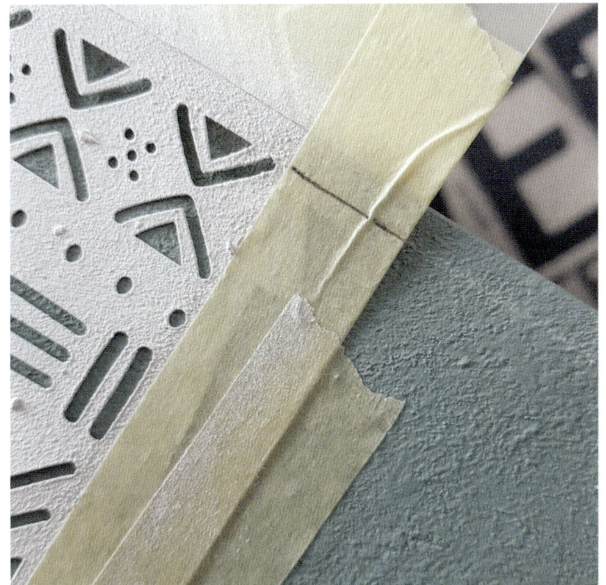

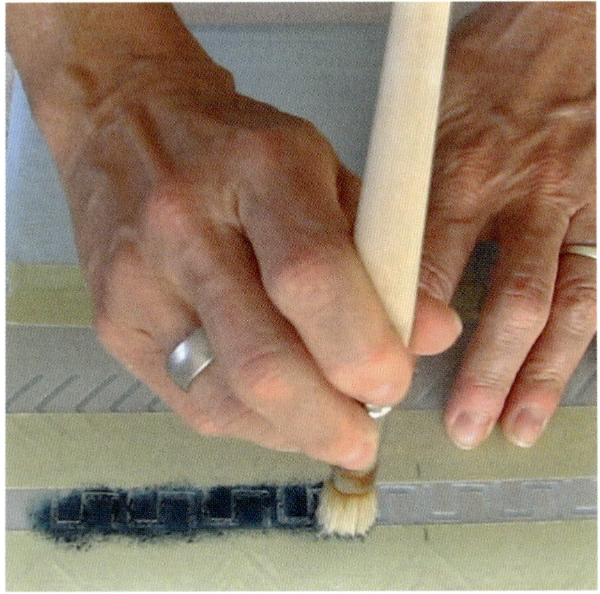

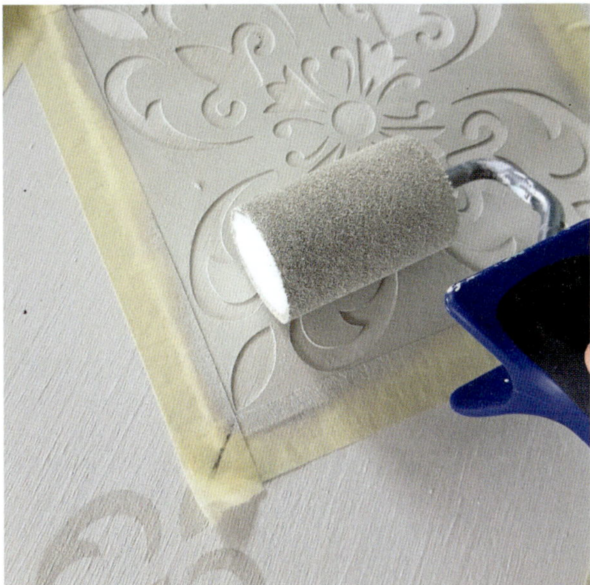

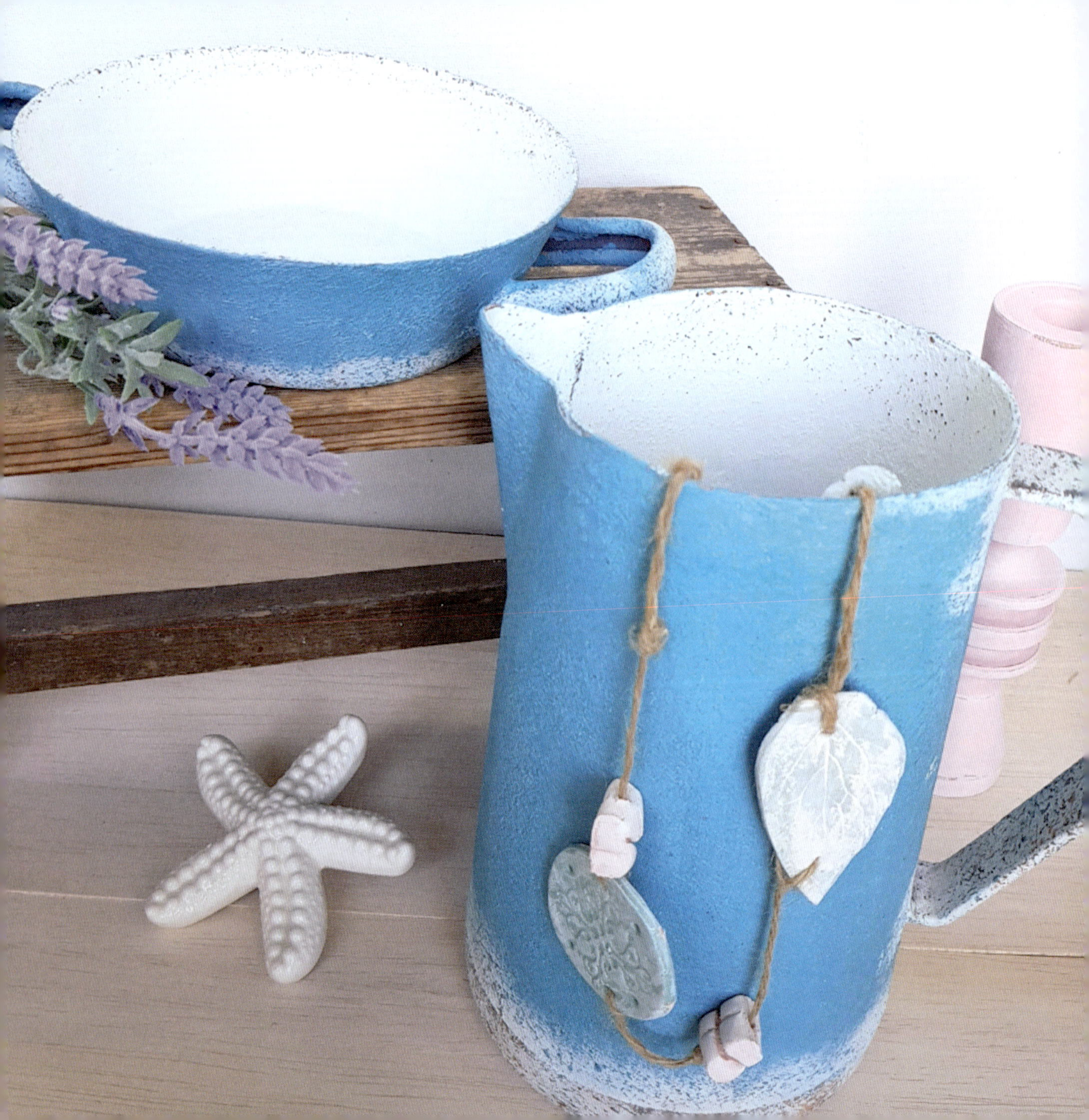

Mediterranes Geschirr im Emaille-Look

Hast du auch noch alte Zinnkrüge, Tontöpfe oder Blechpfannen zu Hause? Verstauben sie gerade im Schrank oder im Keller, da du dich noch nicht von Ihnen trennen kannst?

Dann ist diese Upcycling-Idee geradezu ideal für dich. Du kannst diese alten Stücke mit Kreidefarbe und Saltwash® in wunderschönes mediterranes Deko-Geschirr verwandeln.

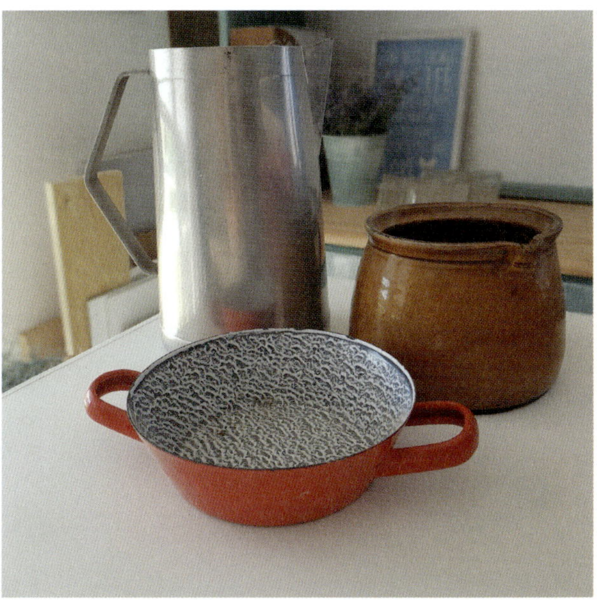

Material:

- Gefäß aus Ton oder Blech
- Kreidefarbe in 4 Tönen:
  - Weiß
  - Dunkles Braun (Tabernas)
  - Orange (Papaya) oder Gelb und Rot
  - Blau (Vintage Blue)
- Saltwash®-Pulver
- Shabby-Versiegelung (matter Lack)
- Schleifpapier Körnung 120
- Küchenpapier

Werkzeug:

- 4 Pinsel (einer darf etwas ausgefranst sein)
- 1 Flachpinsel
- Zwei alte Gläser – Pappbecher oder -teller gehen auch
- Sprühflasche

Zum Video

Hier findest du meinen (kostenpflichtigen) Videokurs zu diesem Projekt: ***https://kreativstattandrea.de/emaille***

So wird's gemacht:

Schritt 1
Reinige deine Gefäße am besten mit einem guten Fettlöser.

Schritt 2
Mische Tabernas mit Papaya und etwas Weiß. Der dunkle Braunton sollte einen leicht orangen Stich bekommen und etwas aufgehellt werden.

Gib hier das Saltwash®-Pulver nach Herstellerangaben dazu und rühre es gut durch.

Schritt 3
Nimm deinen ausgefransten Pinsel und stupfe zwei Schichten deiner Mischung auf die Oberfläche, sowohl innen als auch außen. Bei sehr hohen Gefäßen genügt es, innen das obere Drittel mitzumachen.

Nach der ersten Schicht und ca. 5 Minuten Wartezeit, nimmst du den Flachpinsel und brichst die »Spitzen«, die durch das Auftupfen entstanden sind. Streiche sie mit glatt, indem du den Flachpinsel sehr flach über die Oberfläche fährst – kreuz und quer.

Dasselbe machst du mit der zweiten Schicht, sobald die erste Schicht gut getrocknet ist.

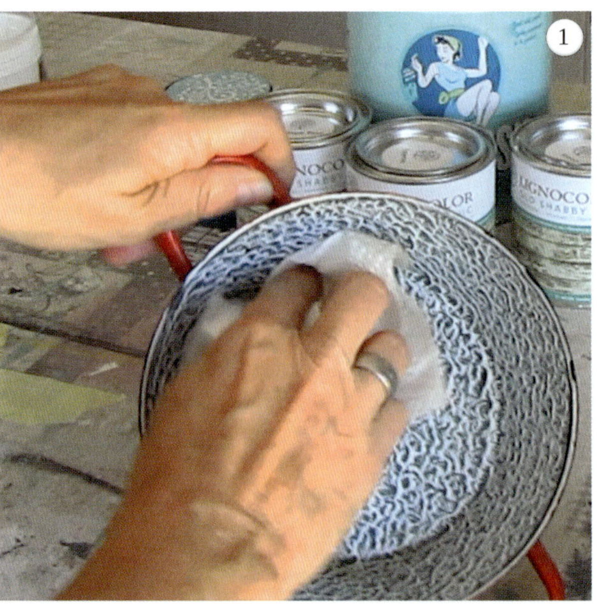

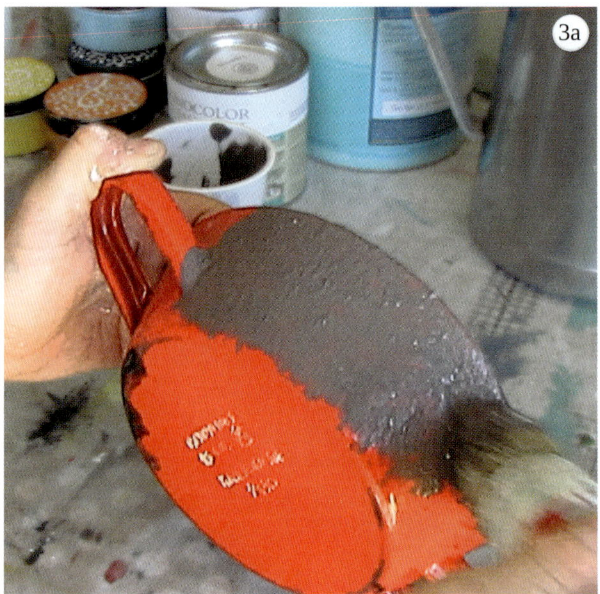

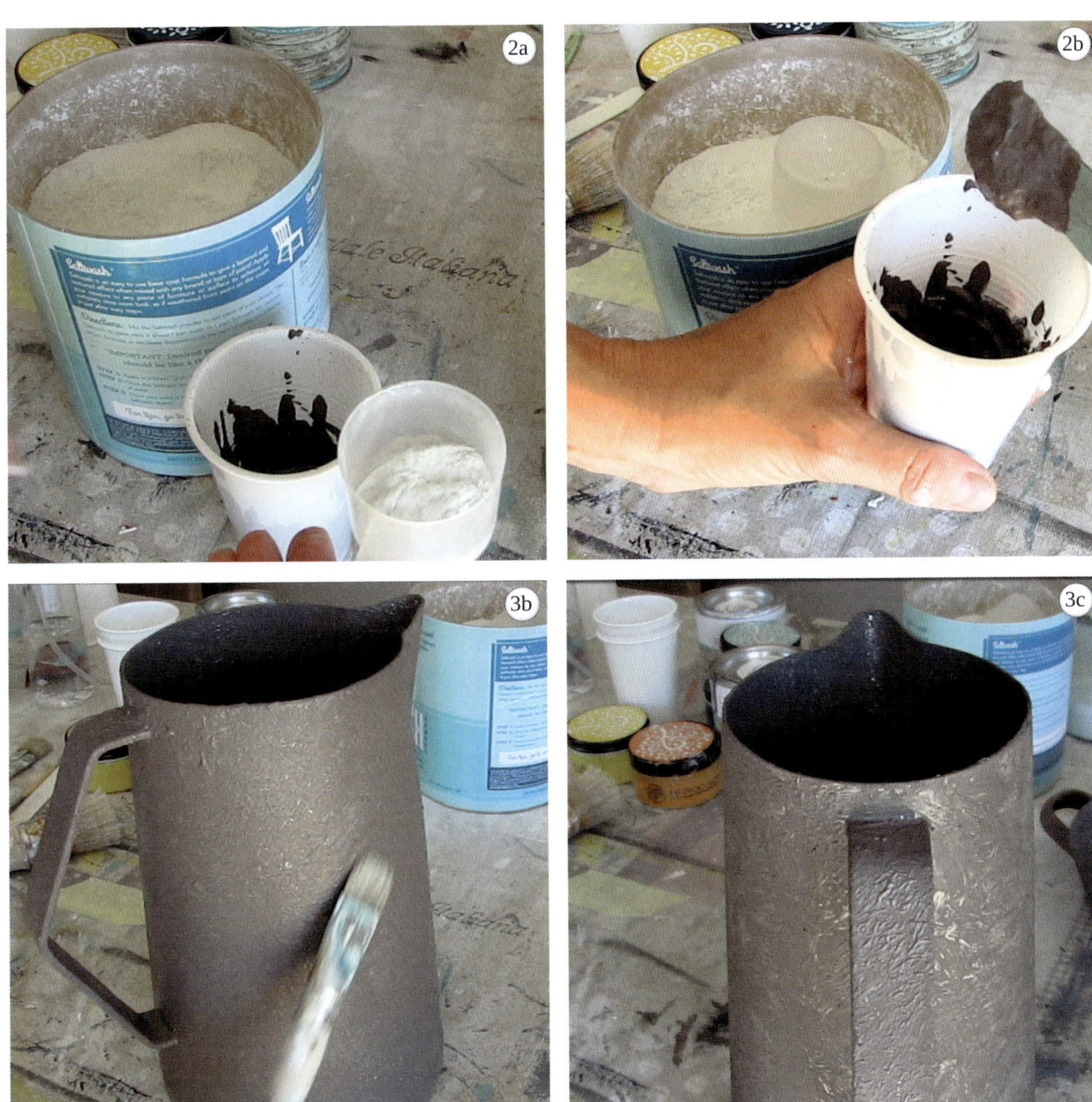

Schritt 4
Stupfe das Papaya mit einem Pinsel direkt auf alle Stellen, die im normalen Leben eines Emaille-Geschirrs rosten könnten, wie die Kanten, der Rand am Boden und oben um die Henkel herum. Ignoriere den Innenbereich. Glätte auch beim Orange die »Spitzen«, die durch das Auftupfen entstanden sind.

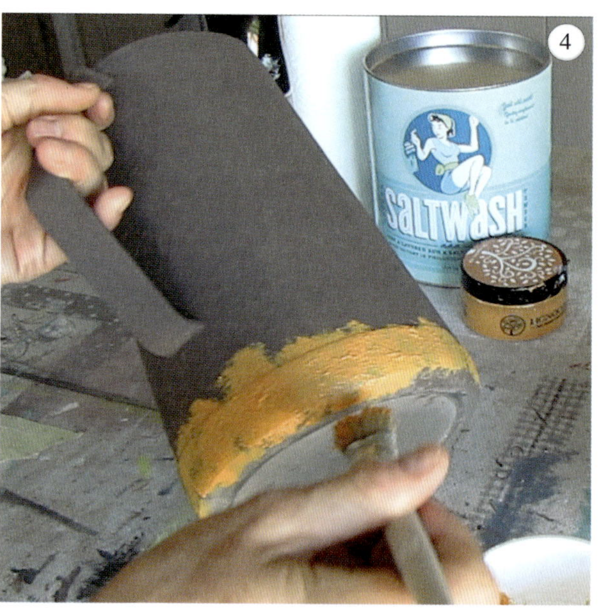

Schritt 5
Mit dem Schleifpapier Körnung 120 schleifst du nun alle orangen Bereiche deiner Gefäße an. Gerne darf das Tabernas wieder durchblitzen.

Schritt 6
Jetzt nimmst du nochmal deine Basisfarbe – hier hast du sicher noch einen Rest übrig – und tupfst hiermit nochmal vereinzelt über das Papaya.

Schritt 7
Mische nun die Deckfarbe, das Vintage Blue, mit Saltwash®.

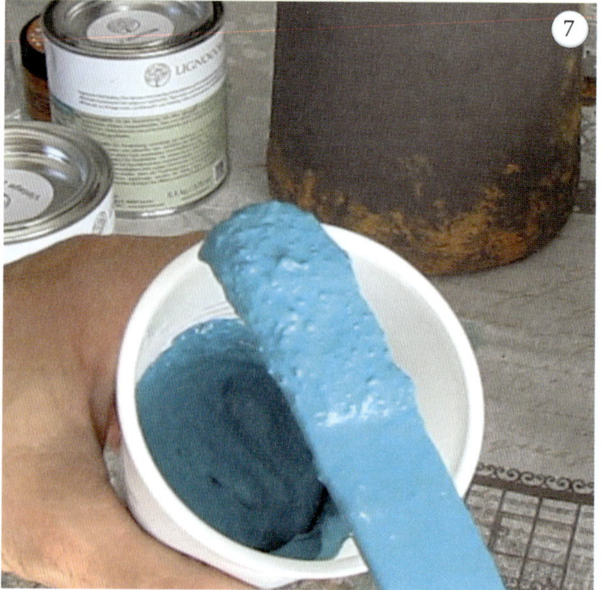

Schritt 8
Stupfe das Vintage Blue nun auf den gesamten Außenbereich deiner Gefäße und lasse die »Rostbereiche« am Boden und der Griffe aus. Glätte nach ein paar Minuten wie gewohnt die Spitzen mit einem flachen Pinsel.

Schritt 9
Streiche die Innenbereiche deiner Gefäße in Weiß. Vermutlich wirst du zwei Schichten dafür benötigen. Lasse jede Schicht gut durchtrocknen. Das erhöht die Deckkraft.

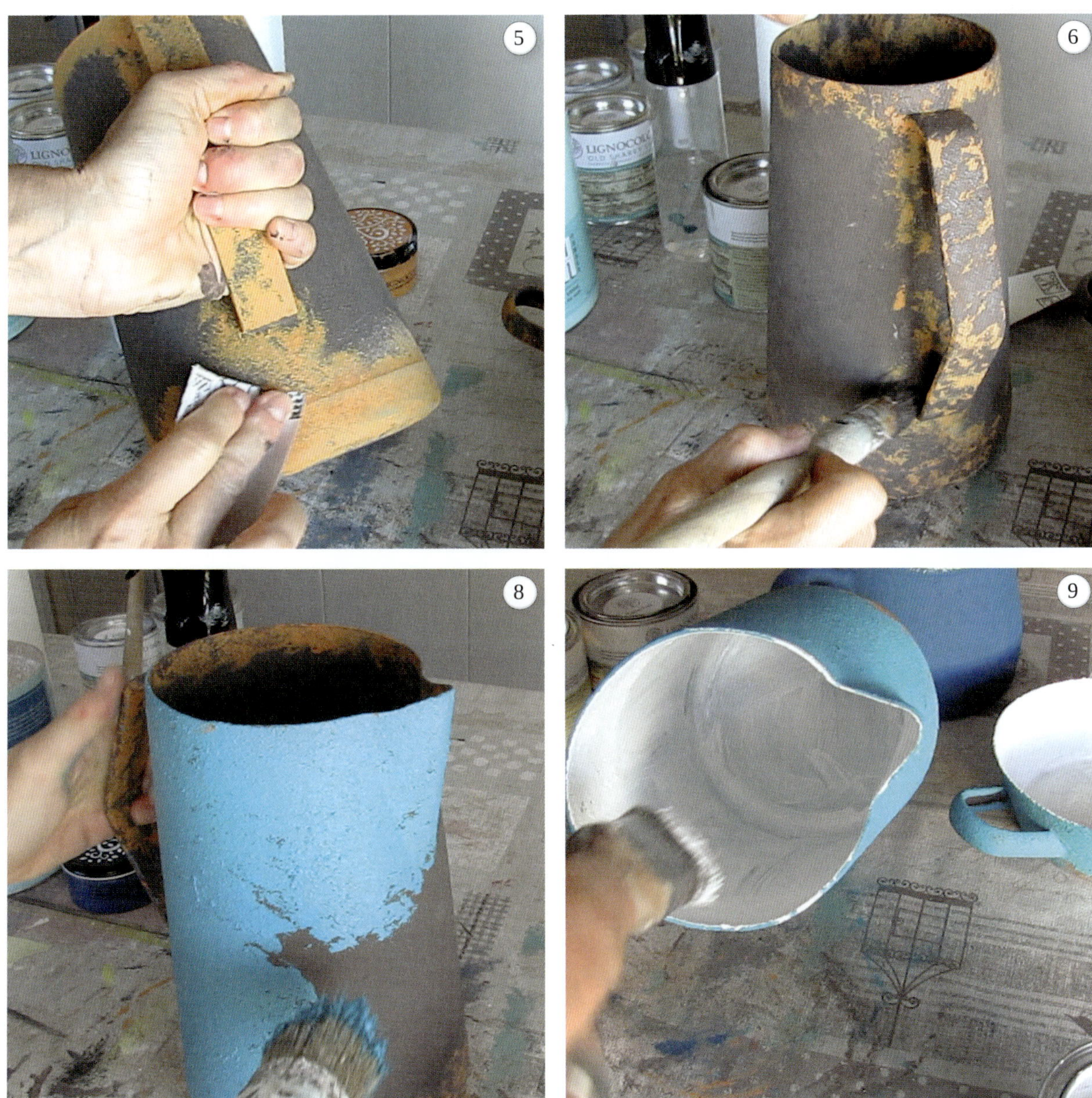
5
6
8
9

Schritt 10
Trage den Farbton Weiß nun auf die Henkel und auch auf den Boden auf. Am Boden arbeitest du von außen nach innen, sodass du einen Übergang zum Vintage Blue herstellen kannst.

Verwende hierfür am besten die Dry-Brush-Technik. Damit gelingt dir das auf jeden Fall.

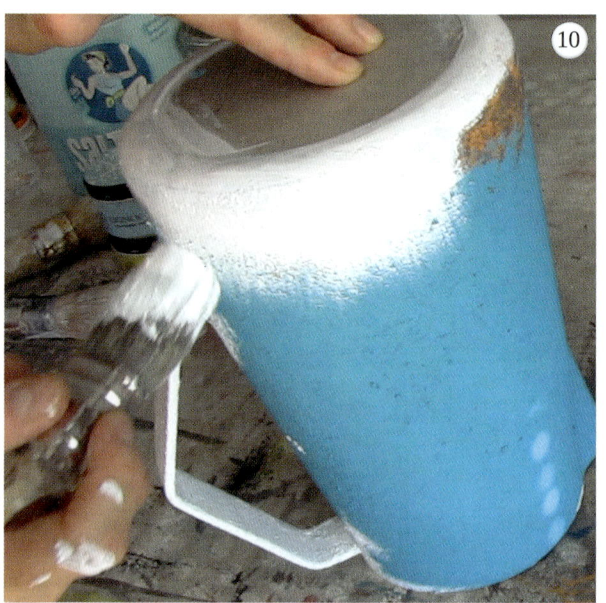

Schritt 11
Für den perfekten Vintage Look heißt es jetzt noch mal schleifen. Nimm das Schleifpapier und schleife alle Kanten / Rostbereiche kräftig an, die »blauen« Bereich nur leicht.

Schritt 12
Entferne den Staub auf der Oberfläche am besten mit einem feuchten Tuch.

Schritt 13
Mische den Farbton Weiß im Verhältnis 1:1 mit Wasser. Trage diese Mischung partienweise auf dein Gefäß auf.

Danach nimmst du gleich ein Stück Küchenpapier und reibst oder tupfst die Farbe wieder ab. Ich habe sie abgerieben.

Diesen Vorgang kannst du auch mehrmals wiederholen. Eben solange, bis dir der Look gefällt.

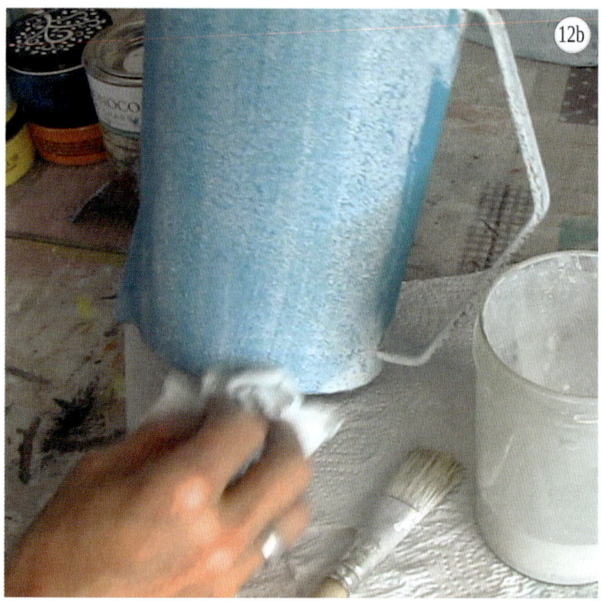

Schritt 14
Nimm für die Versiegelung am besten einen matten Lack – ich die Shabby-Versiegelung von Lignocolor gewählt. Trage den Lack einfach mit einem Pinsel innen und außen auf.

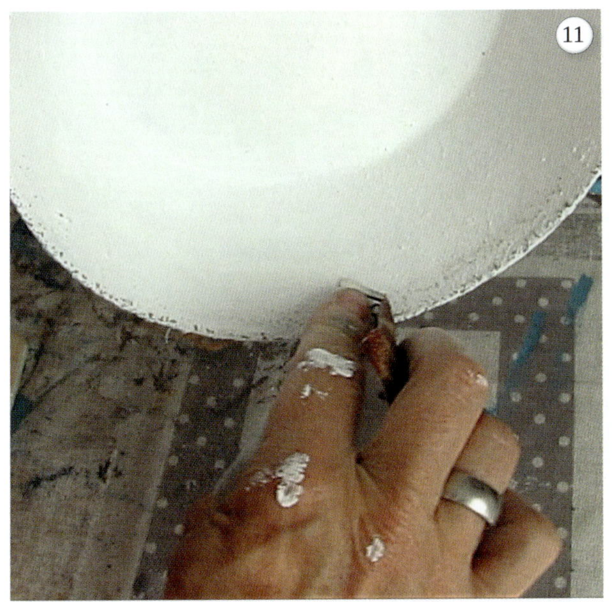

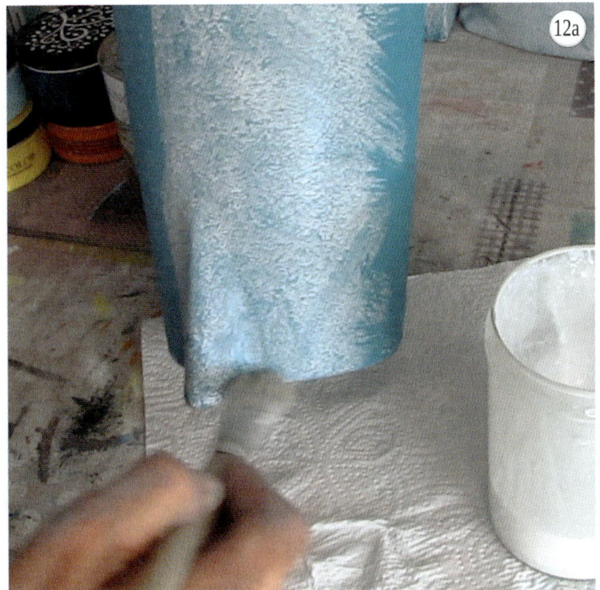

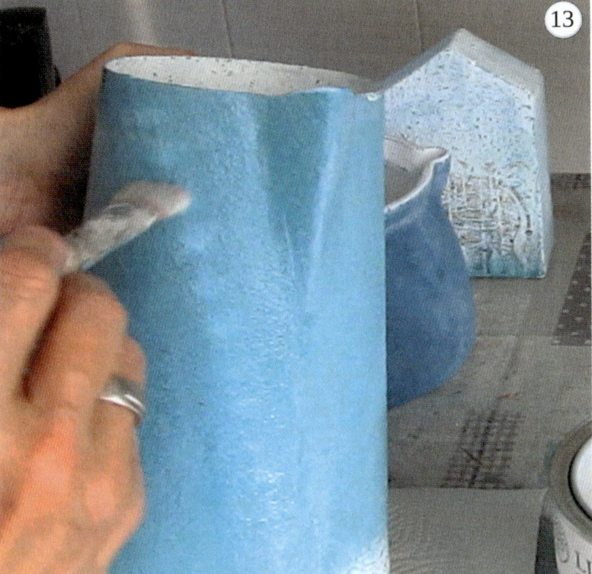

Tipp

Warum der Lack? Das ist der beste Schutz für dein Emaille-Geschirr, wenn du es draußen zu Dekozwecken verwendest.

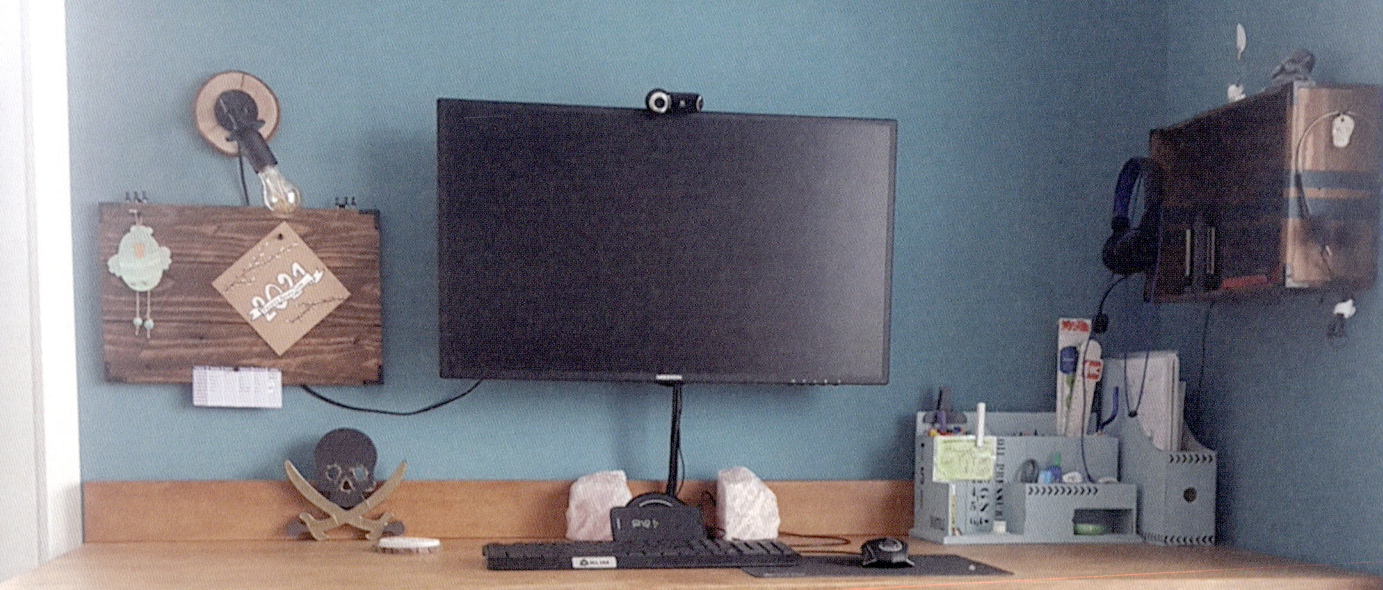
WORKZONE
751
2021
A1
A2
A3
A4
A5
B1
B2
B3
B4
B5

Schreibtisch im Eigenbau – IKEA Hack

Wie wäre es mal mit einem selbstgebauten Schreibtisch mit der IKEA Schubladenkommode »ALEX«? Die Oberfläche ist hier arcylbeschichtet und lässt sich sehr einfach mit Kreidefarbe in einem neuen Farbton streichen.

Für die Tischplatte diente bei mir eine alte Tischplatte. Selbstverständlich kannst du hier auf eine Arbeitsplatte zurückgreifen.

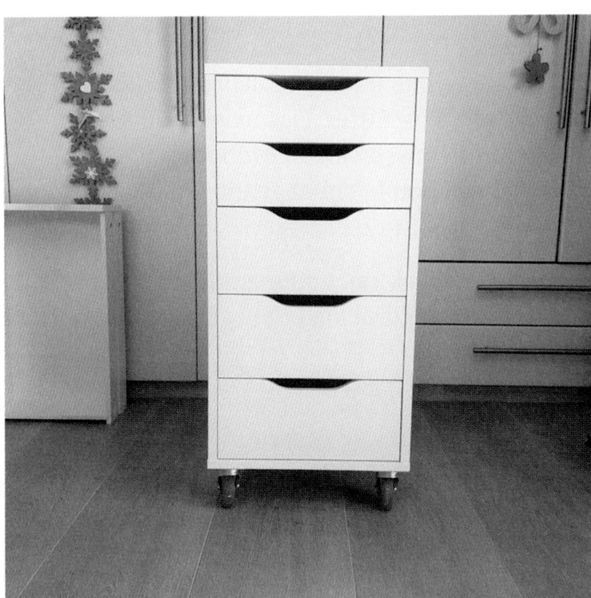

Material:

- Zwei schmale Schubladenkommoden – hier IKEA ALEX
- Möbelrollen mit Bremse
- Kreidefarbe Indian Ocean (ist eine Wandfarbe)
- Möbelwachs (transparent, Schwarz, Braun – gibt es auch in Mini-Dosen)
- Schablonen für Buchstaben und Zahlen
- Arbeitsplatte oder andere alte Platte
- Klebeband
- Schleifpapier Körnung 180 und 240

Werkzeug:

- Pinsel und Farbrolle (kurzflorig)
- Wachspinsel (einer je Farbe)
- Schrauben
- Schleifklotz
- Akkuschrauber
- Schleifmaschine
- Klebeband
- Fusselfreies Tuch
- Schraubzwingen

So wird's gemacht:

Schritt 1

Nimm eine gründliche Reinigung mit einem Fettlöser vor.

Schritt 2

Danach folgt ein leichtes Anschleifen der Oberflächen mit einem Schleifpapier der Körnung 180. Bitte nur in eine Richtung anrauen – nicht im Kreis arbeiten und am besten mit einem Schleifklotz.

Danach gründlich entstauben.

Schritt 3

Streiche Korpus und Schubladen in 2 bis 3 Schichten mit Kreidefarbe. Besser: Rolle für eine besonders glatte Oberfläche, passend zum Metall-Look.

Schritt 4

Versiegele die Kommoden mit transparentem Möbelwachs. Dies sollte deine erste Wahl sein, damit du Schäden später gut ausbessern kannst.

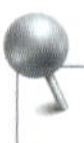

Tipp

Da du im nächsten Schritt mit farbigem Möbelwachs arbeitest, ist es von Vorteil, wenn du bereits eine Schicht transparentes Möbelwachs aufgetragen hast. So kannst du bei einem Fehler jederzeit mit dem transparenten Möbelwachs »radieren«.

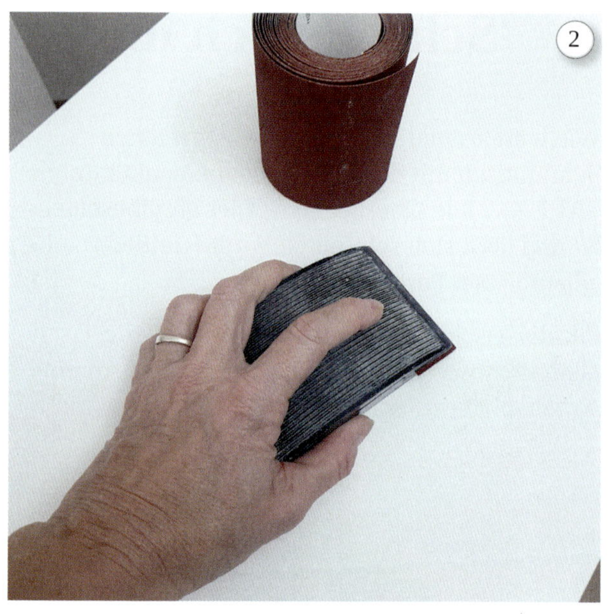

Schritt 5

Schabloniere nun alle Schubladen mit einem Buchstaben plus Ziffer. Das machst du hier am besten mit dem schwarzen Möbelwachs. Das wirkt dann schon leicht abgenutzt und passt super zum Industrial Style.

Befreie die Schablonen immer gleich auf der Rückseite vom zurückgebliebenen Wachs.

Tipp

Damit alle Zeichen an exakt der gleichen Stelle stehen, kannst du dir mit dem Klebeband Linien aufkleben.

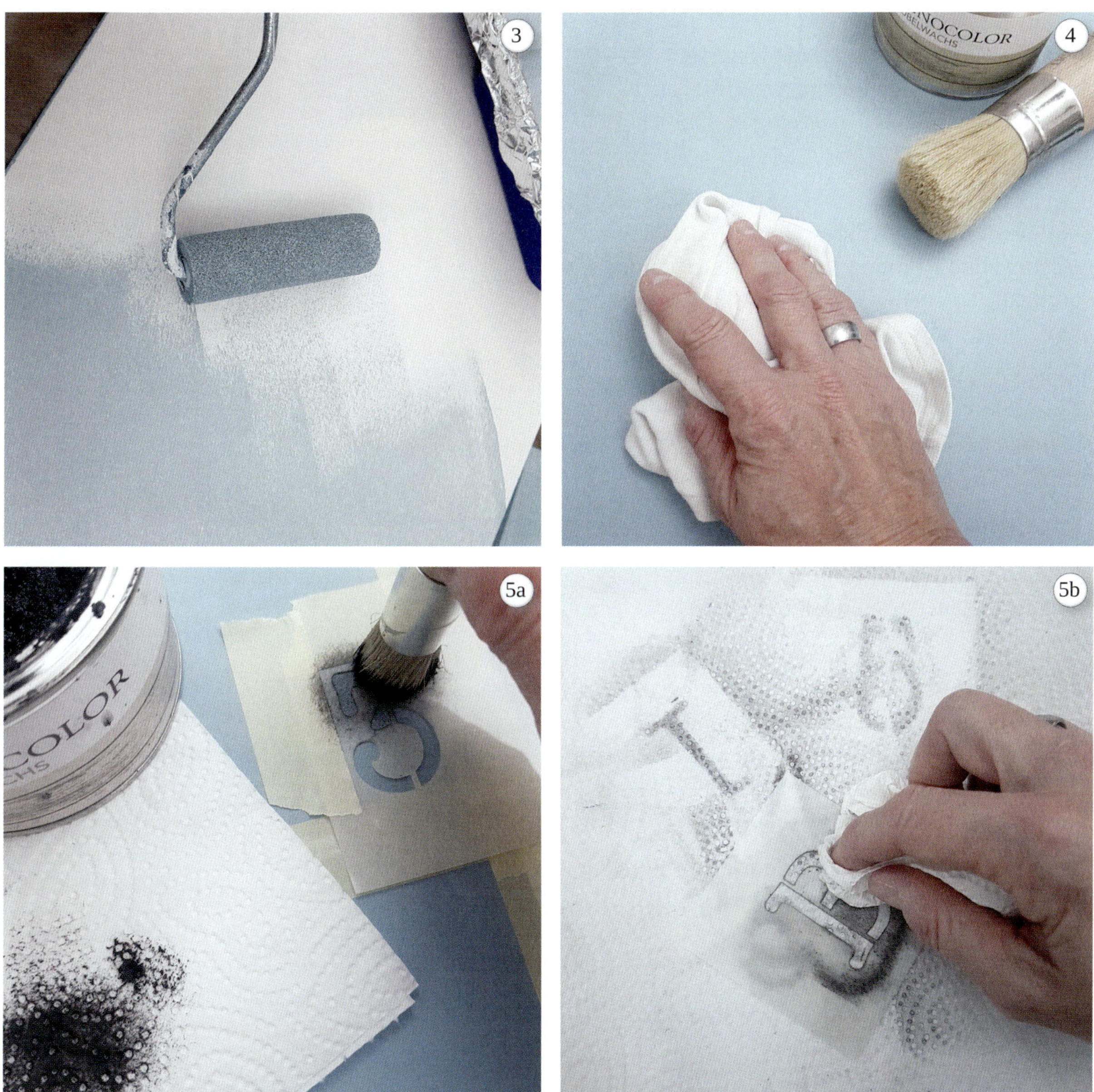
3
4
5a
5b

Schritt 6
Jetzt können die Rollen an die Unterseite geschraubt werden. Du könntest das aber auch schon vor dem Streichen erledigen. Das ist Geschmackssache.

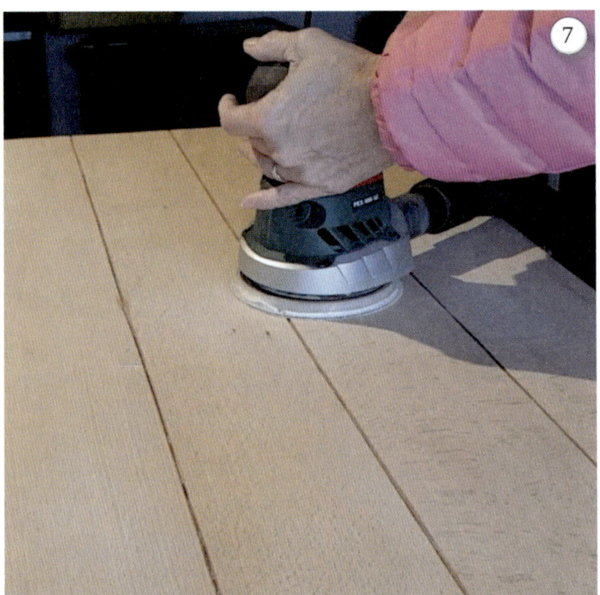

Schritt 7
Schleife die Tisch-/Arbeitsplatte mit der Schleifmaschine und Körnung 180 im ersten Schleifdurchgang sowie mit Körnung 240 im zweiten Durchgang.

Solltest du eine lackierte Platte haben, so kann es sein, dass du erst mit Körnung 60 oder 120 anfangen musst und dann mit 180 und 240 weiter machen kannst.

Die Oberfläche sollte am Ende schön glatt sein.

Entstaube alles gut entstauben und reinige das Möbelstück am besten noch mit Fettlöser.

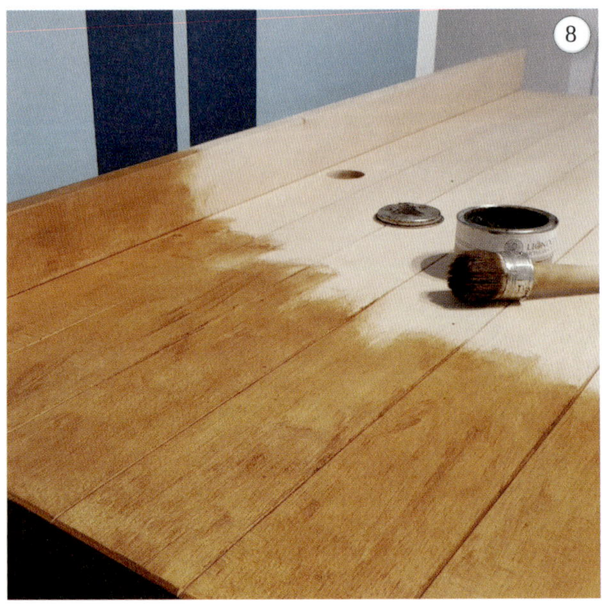

Schritt 8
Mit dem braunen Möbelwachs bearbeitest du nun die gesamte Oberseite sowie Kanten der Tischplatte. Nach ca. 30 Minuten nimmst du den Überschuss mit einem fusselfreien Tuch den Überschuss ab.

Diesen Vorgang wiederholst du nach 24 Stunden. Danach muss die Arbeitsplatte vor dem Verschrauben mit den beiden Schubladenkommoden am besten 48 Stunden trocknen.

Richtig beanspruchbar ist die gewachste Oberfläche erst nach mind. 14 Tagen.

Schritt 9
Die Arbeitsplatte kannst du dann auf die beiden Schubladenkommoden legen und ausrichten sowie am besten mit Schraubzwingen fixieren und von unten mit den Kommoden verschrauben. Bitte bohre die Löcher vor – so vermeidest du Sprünge im Holz.

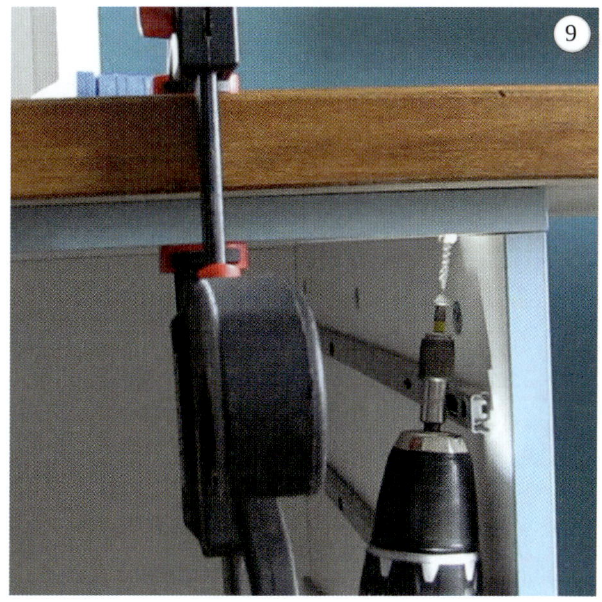

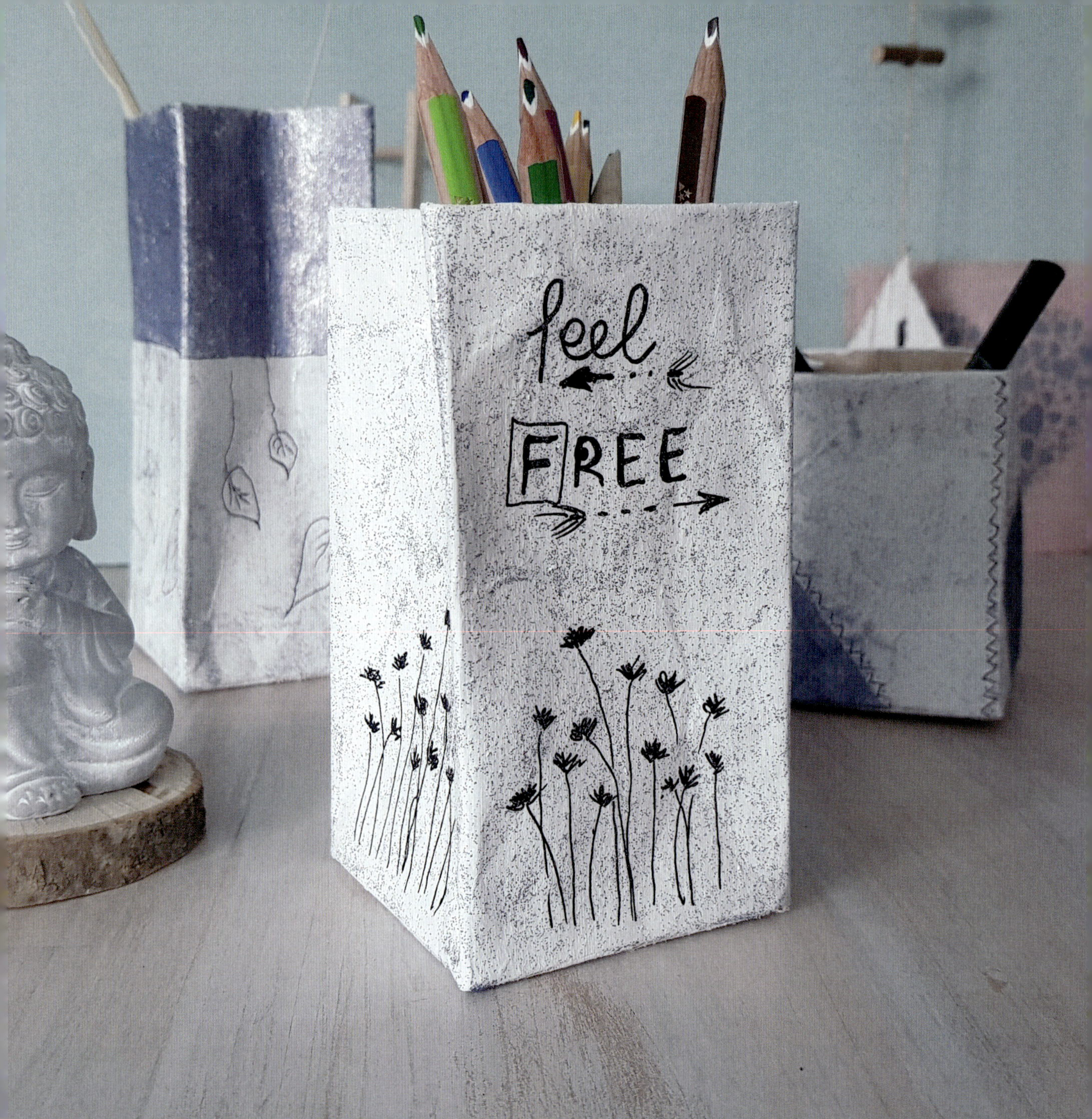
feel
FREE

Tetra Pak: Milchtüten mal anders

Das Schöne an dieser Upcycling-Idee: Tetra Pak gibt es in vielen Größen und du hast ihn wahrscheinlich schon im Kühlschrank stehen. Ja – und ist das nicht sogar schon eine Recycling-Idee?

Der Tetra Pak ist wasserdicht, was ihn nicht nur als Stifte-Box eine gute Figur machen lässt, sondern auch als Vase oder Pflanzgefäß oder als Geschenkverpackung.

Material:

- Tetra Pak
- Kreidefarbe (Weiß)
- Glitzerfarbe Space von Lignocolor, gibt es in 4 Farbtönen
- Glitzerpigmente Space von Lignocolor
- Permanent Marker schwarz – Lumicolor
- DIN A4-Blatt

Werkzeug:

- 2 Pinsel
- Cuttermesser oder Schere
- Klebeband

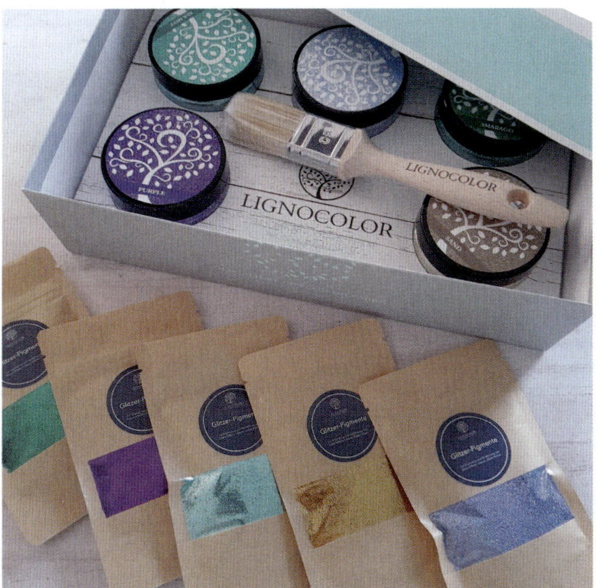

Zum Video

Hier findest du ein Video zum Projekt:

So wird's gemacht:

Schritt 1
Schneide ein Tetra Pak mit dem Cuttermesser oder der Schere auf. Hierbei kannst du schon die Höhe deines Gefäßes bestimmen.

Schritt 2
Zerdrücke die Verpackung gut, so lässt sich die oberste Schicht sehr einfach ablösen. Solltest du den verknitterten Look nicht haben wollen, dann setze einen Oberflächenschnitt mit dem Cuttermesser entlang der Senkrechtnaht (Rückseite). Jetzt kannst du die obere Schicht abziehen und hast eine glatte Oberfläche.

Schritt 3
Die obere Kante kannst du nun sauber nach innen umschlagen und mit den Fingern sowie etwas Druck am Falz entlangfahren. Was auch sehr schön aussieht: Knicke die obere Kante nach außen. Das wirkt dann wie eine heruntergerollte Tüte.

Schritt 4
Nun knickst du nochmal alle Längskanten nach. Dadurch steht dein Tetra Pak am Ende besser.

Schritt 5
Streiche die Verpackung ringsherum mit weißer Kreidefarbe, am besten in zwei Schichten, damit es richtig deckt. Lasse die Farbe mindestens 2 Stunden trocknen oder nimm einen Fön, damit es schneller geht. Alternativ kannst du die Kreidefarbe auch auftupfen. So bekommst du etwas mehr Struktur.

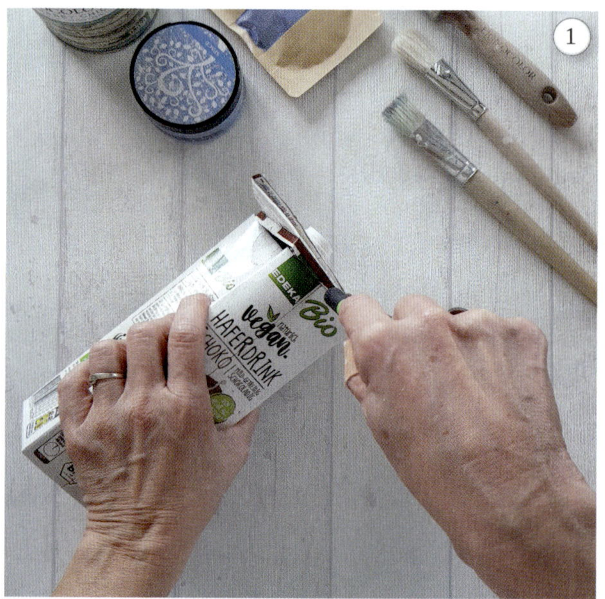

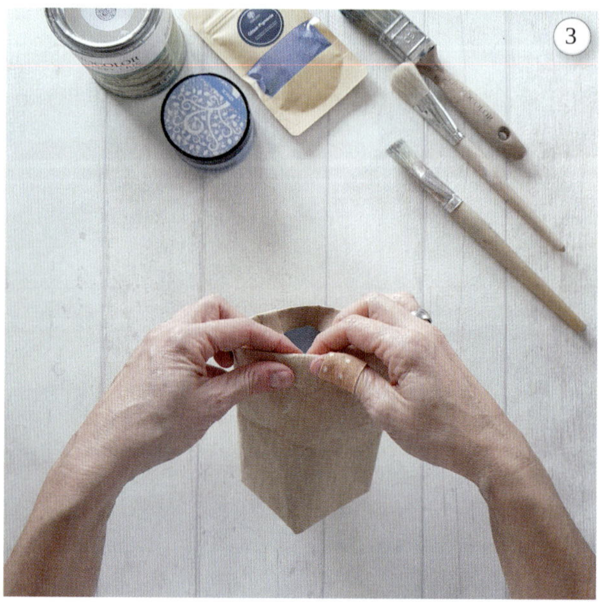

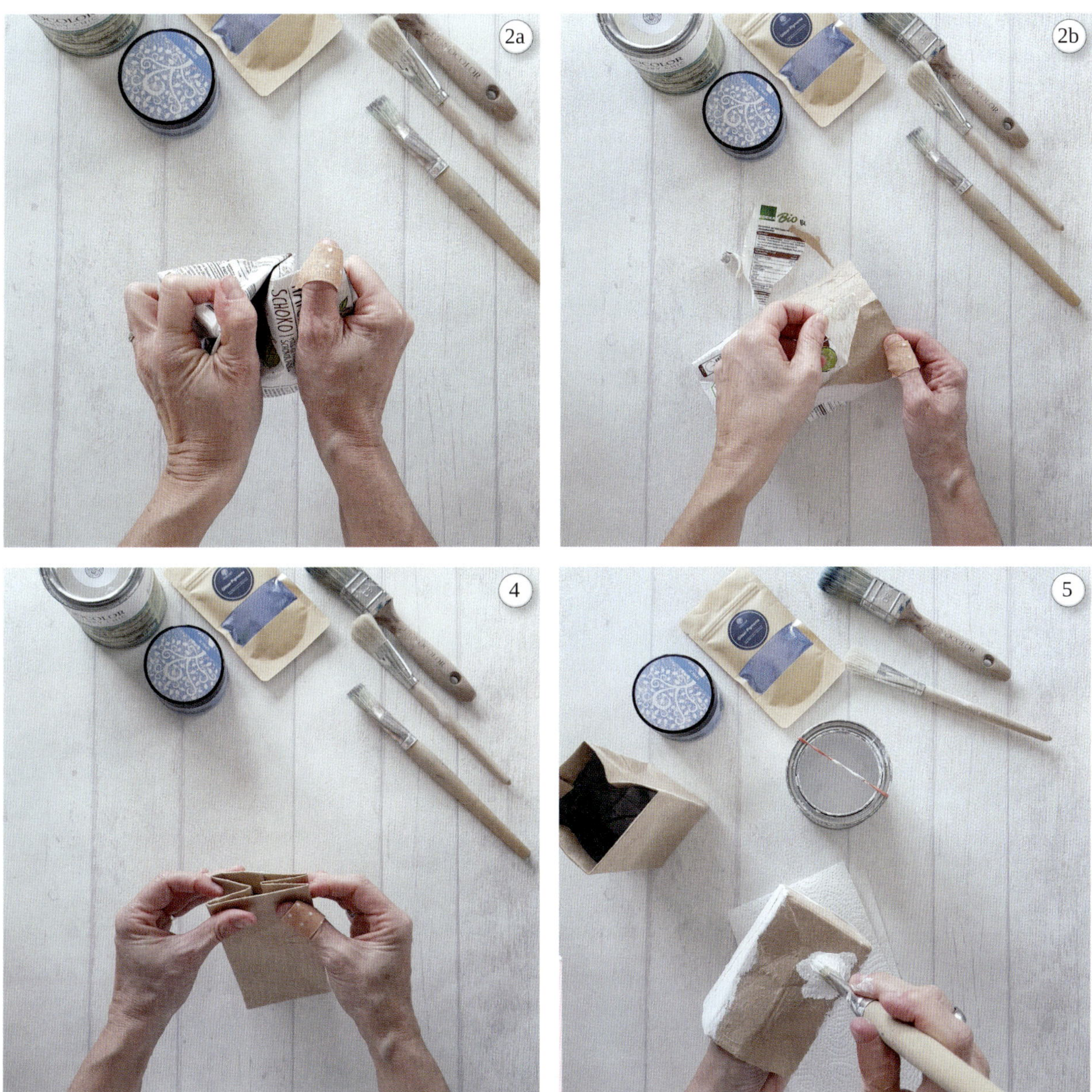
2a
SCHOKO
2b
Bio
4
5

Schritt 6
Mit dem Klebeband kannst du nun ein Muster abkleben.

Schritt 7
Trage die Glitzerfarbe auf. Arbeite hier das abgeklebte Muster partienweise ab.

Schritt 8
Streue reichlich Glitzerpigment auf die soeben aufgetragene Glitzerfarbe und klopfe den Überschuss wieder ab. Alternativ kannst du Glitzerpigmente nach dem Aufstreuen auch mit dem Pinsel verteilen.

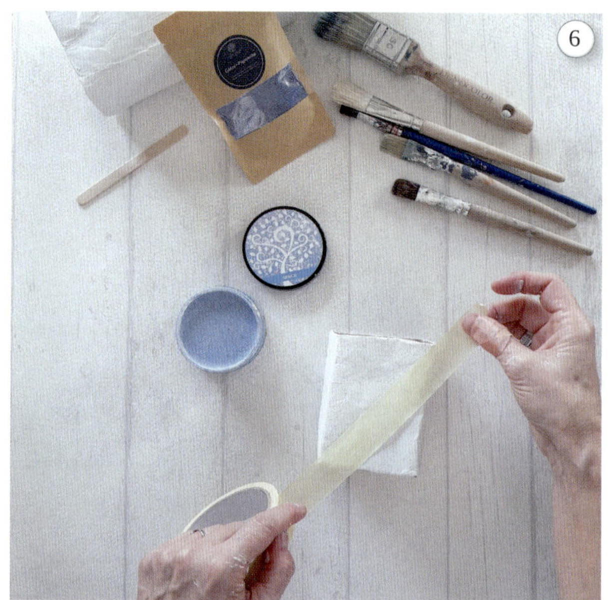

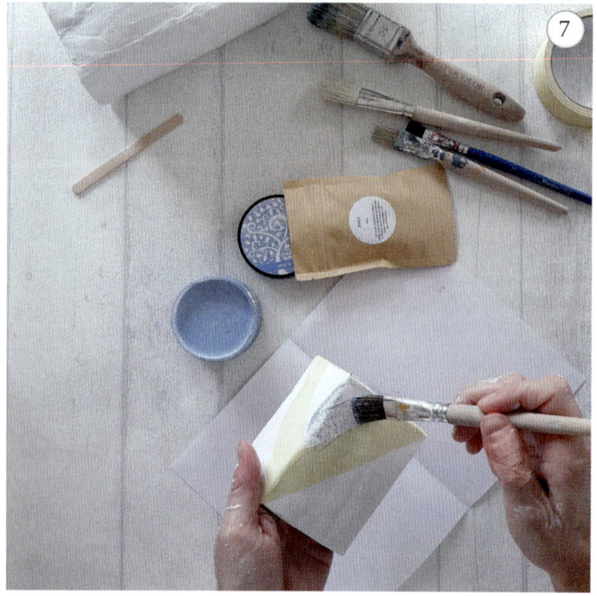

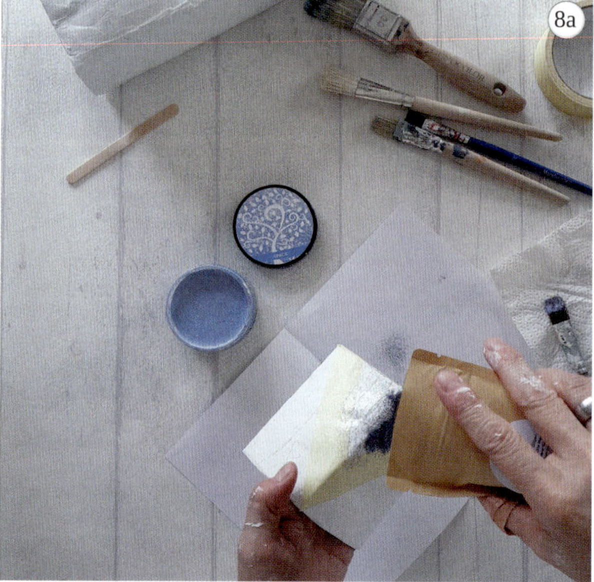

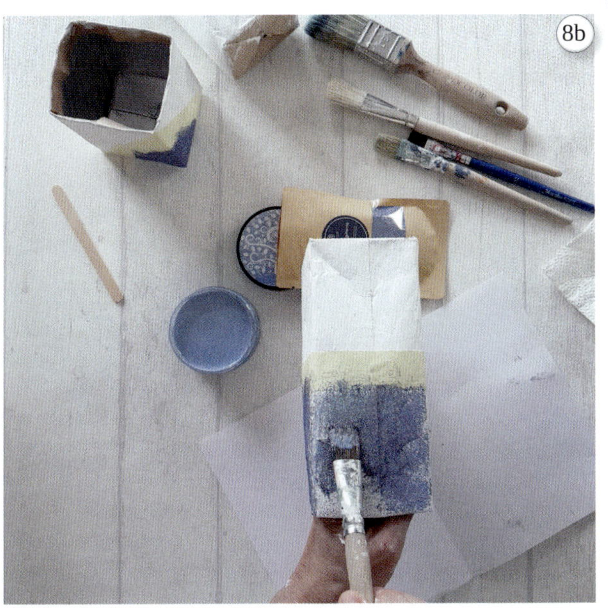

Schritt 9
Mit dem wasserfesten schwarzen Marker kannst du nun noch Schriftzüge und Doodles auf die Oberfläche zeichnen. Hier empfiehlt es sich, die Motive zuerst auf ein Blatt Papier zu zeichnen. Das gibt dir immer mehr Sicherheit, sodass es dir am Ende auch gefällt.

Schritt 10
Das Klebeband kann nun wieder abgezogen werden.

Schritt 11
Am Ende, wenn alles gut getrocknet ist, wird alles mit der Glitzerfarbe versiegelt.

Tipp

Du kannst den Überschuss der Glitzerpigmente auffangen und wieder in den Beutel zurückgeben, indem du dir ein DIN-A4-Blatt einmal faltest und dann geöffnet unter deine Arbeit legst. Nach dem Abklopfen kannst du das Blatt zusammenlegen und als Trichter benutzen, um die Glitzerpigmente in den Beutel zu schütten.

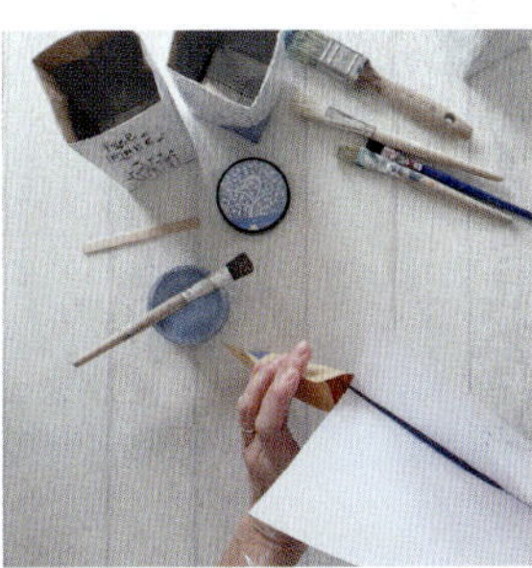

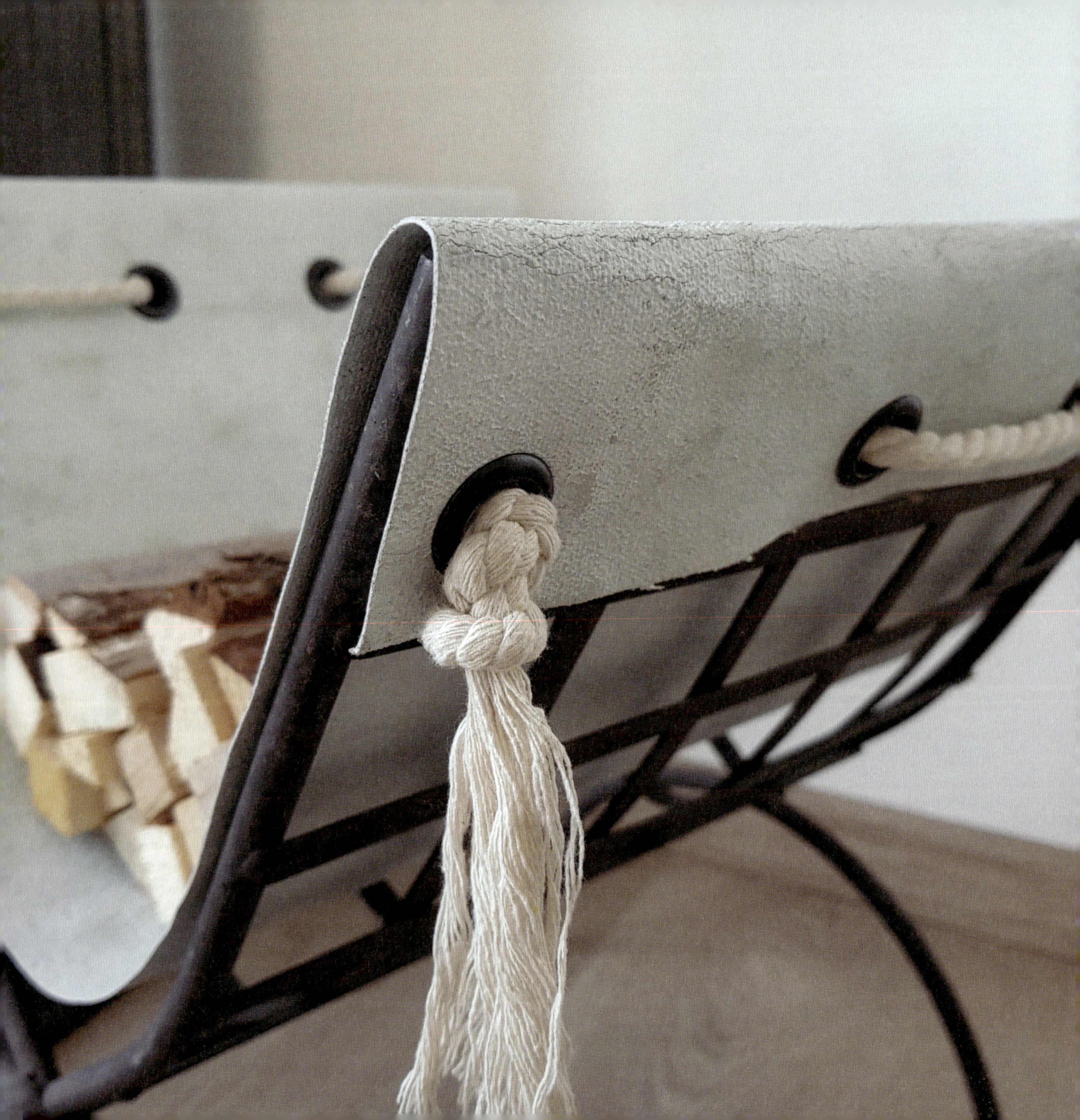

DIY-Wildleder aus Stoff

Nicht nur feste Gegenstände können mit Kreidefarbe eine neue Bestimmung erhalten. Auch Stoff eignet sich wunderbar für ein Upcycling. So kannst du mit nur zwei Zutaten, Kreidefarbe und SaltWash®, ein gefaktes Wildleder entstehen lassen.

Hier kannst du einen alten Ständer aus Guss mit einer »Wildleder«-Hängetasche wieder aufhübschen.

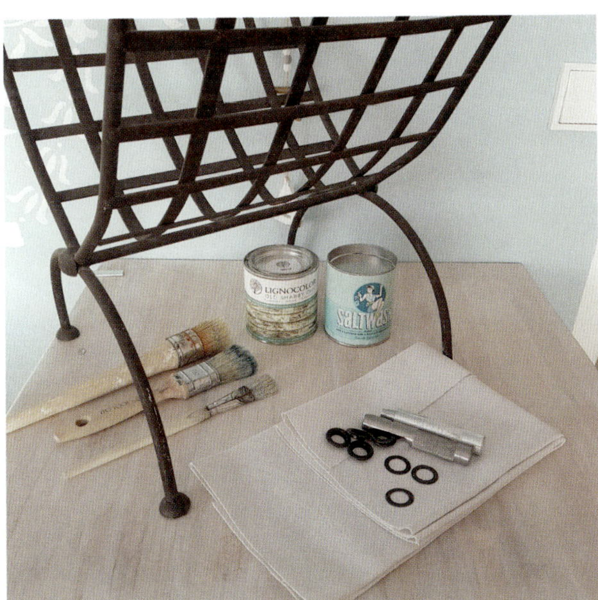

Material:

- Canvas natur (Stoff aus Leinen oder Baumwolle geht auch)
- Kreidefarbe (Storm, Stone und Weiß)
- SaltWash®
- Große Ösen (Ø 15 mm)
- Makramee-Garn (Ø 15 mm)
- Schleifpapier (Körnung 120)
- Möbelwachs (transparent)

Werkzeug:

- 2 Pinsel
- 1 Flachpinsel
- Behälter für das Mischen
- Loch- und Ösenstanzer (meist im Set mit den Ösen)
- Skalpellmesser
- Hammer

Zum Video

Hier findest du weitere Informationen und eine Videoanleitung:

https://kreativstattandrea.de/wildleder

So wird's gemacht:

Schritt 1
Mische Kreidefarbe und SaltWash® nach Anleitung zu einer schönen »Buttercreme«.

Schritt 2
Mit einem Pinsel wird die SaltWash®-Paste in zwei Schichten aufgestupf. Bei diesem Projekt werden beide Seiten des Stoffes bearbeitet.

Für die erste Schicht nimmst du den Farbton »Storm« – für die zweite Farbschicht »Stone«.

Die dabei entstehenden Spitzen glättest du nach ca. 5 Minuten mit einem zweiten Pinsel (Flachpinsel), indem du in sehr flacher Haltung darüberstreichst, ruhig ein paar Mal kreuz und quer.

Jede Schicht muss sehr gut durchtrocknen.

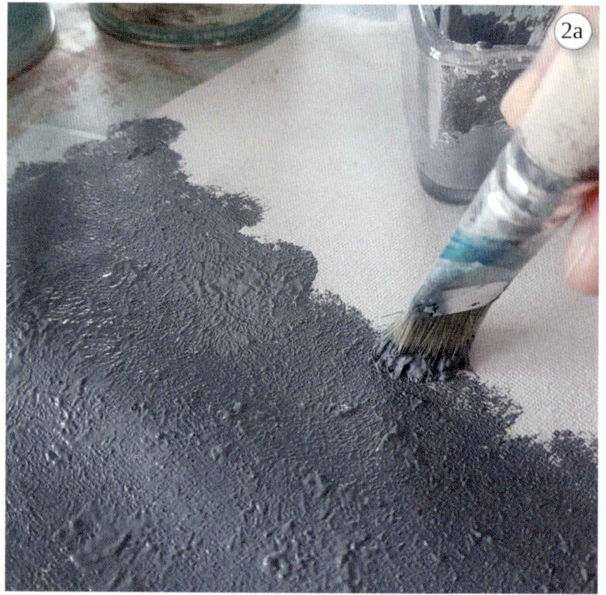

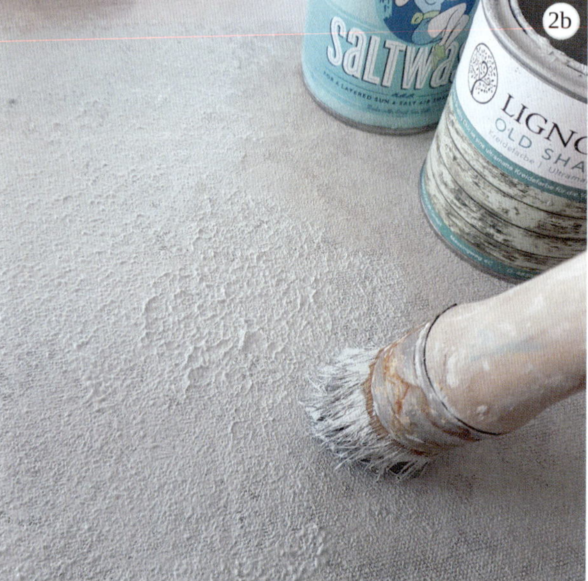

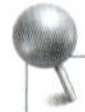

Tipp

Diese Technik kannst du auch auf einem Polster von Sessel und Stuhl anwenden. Keine Sorge: Da färbt am Ende nichts ab.

Schritt 3
Wildleder hat ja einen leichten »Washed Look«. Dafür nimmst du nun weiße Kreidefarbe und mischst diese mit Wasser im Verhältnis 1:2 in einem Becher.

Trage die Farbe auf die Oberfläche auf. Sie sollte sich nur wie ein feiner Nebel auf der Oberfläche legen = White-Wash-Look. Lasse sie mindestens 2 Stunden gut durchtrocknen.

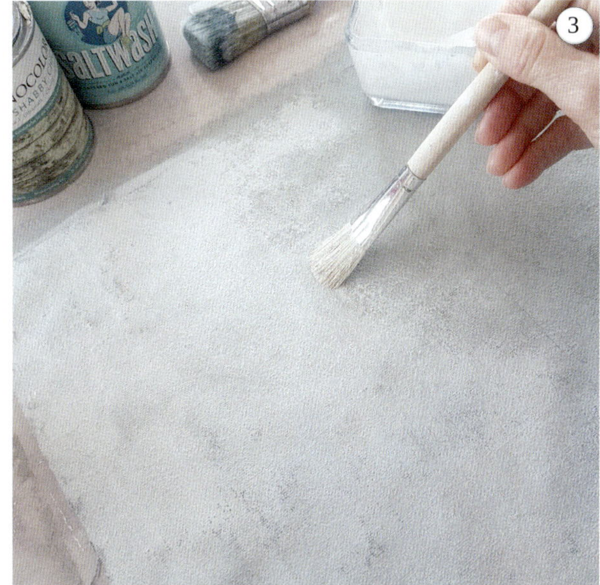

Schritt 4
Mit dem Schleifpapier wird nun die Oberfläche richtig gut angeschliffen. Das ist wichtig für den Wildleder-Effekt. Keine Angst: Es wird keine Löcher im Stoff geben, da das SaltWash® sehr hart ist.

Befreie nun dein »Wildleder« vom Schleifstaub.

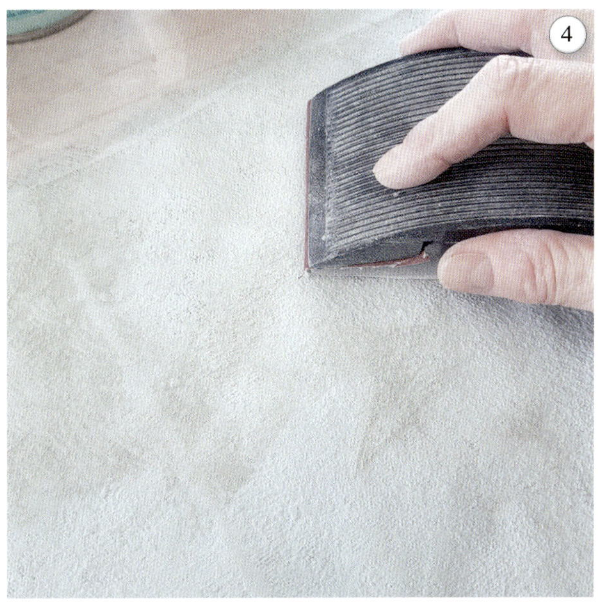

Schritt 5
Zum Schluss muss nun das gefakte Leder noch versiegelt werden. Das geht am besten mit dem transparenten Möbelwachs. Zugleich bringt es die Farbunterschiede noch besser zur Geltung. Das »Wildleder« erhält Charakter.

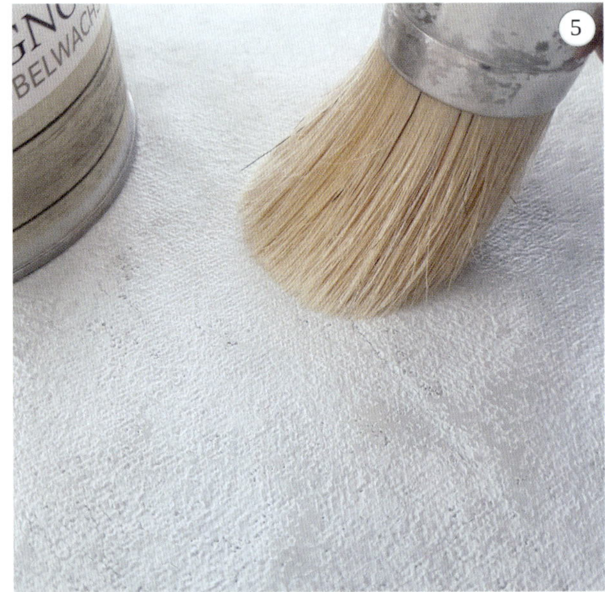

Schritt 6
Damit du dein »Wildleder« Tuch als Hängetasche verwenden kannst, musst du noch beidseitig große Ösen anbringen und diese mit der Makrameeschnur an deinem Gussgestell befestigen.

Wenn du den Loch- und Ösenstanzer verwendest, achte darauf, ein Holzbrett darunter zu legen, damit du deinen Tisch nicht beschädigst.

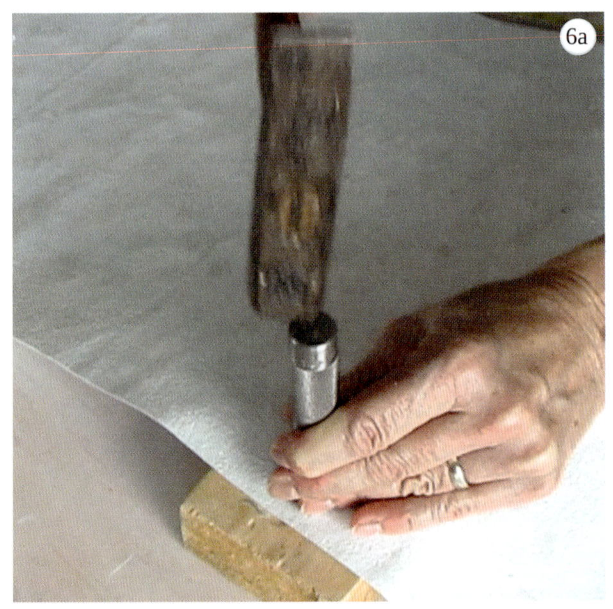

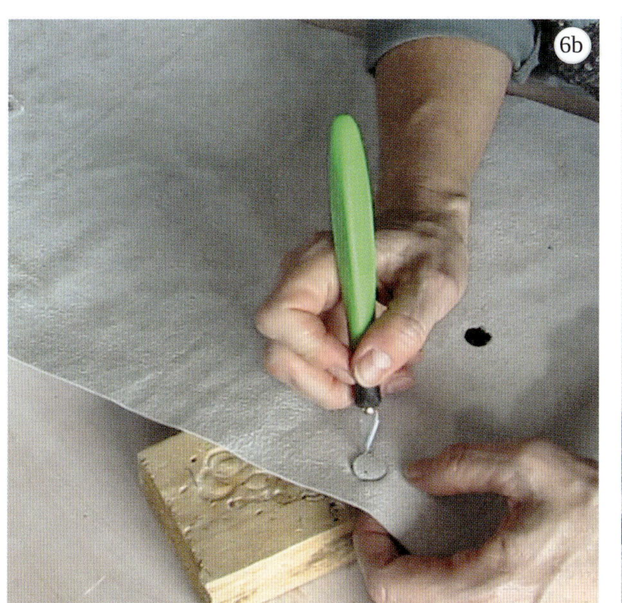
6b

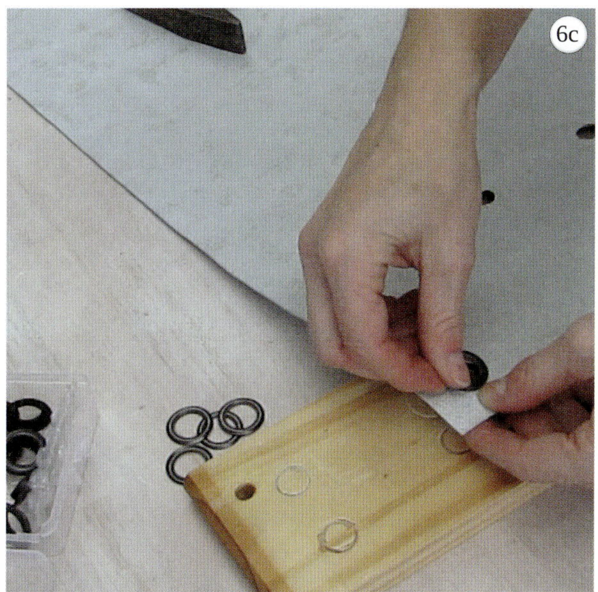
6c

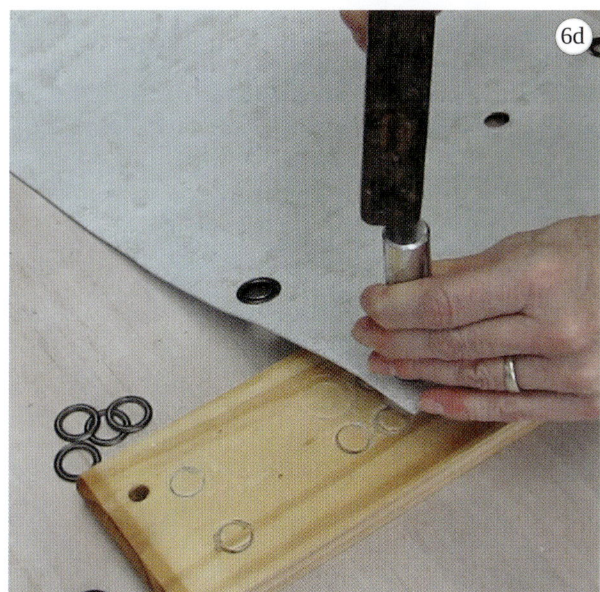
6d

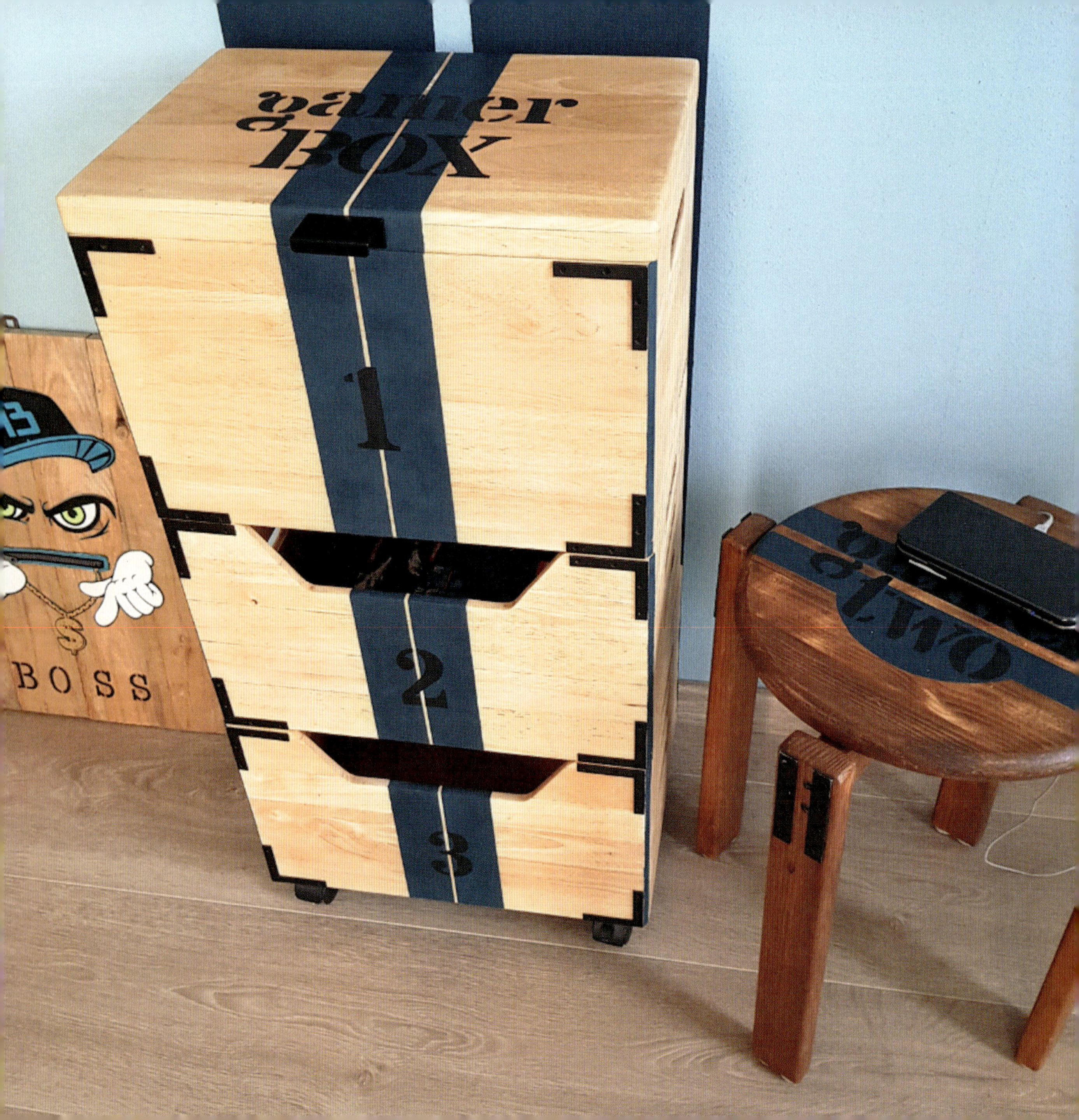
gamer
BOX
1
2
3
BOSS

Industrial-Style für den Gamer Room

Aus einem Hocker, einer Holzbox und einem eher biederen fahrbaren Boxenturm kann man richtig coole Wohnaccessoires im Industrial-Style für das Zimmer der Kinder machen.

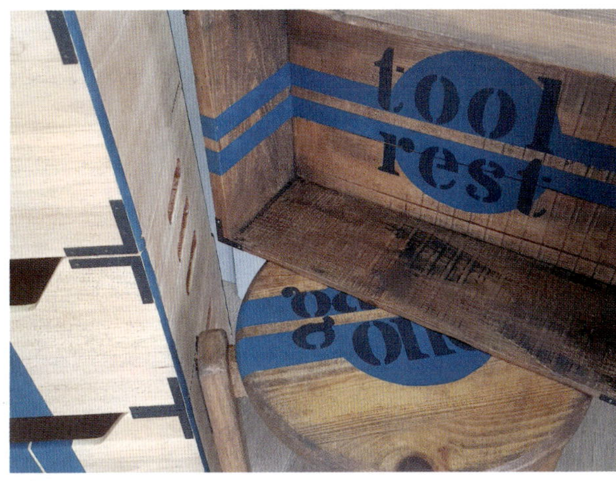

Zum Video

Hier findest du meinen (kostenpflichtigen) Videokurs zu diesem Projekt:
https://kreativstattandrea.de/industrial2

Material:

- Möbelwachs (transparent, Braun, Schwarz – gibt es auch in Mini-Dosen)
- Kreidefarbe (Deep Sea und Schwarz)
- Leinölfinis (bei Bedarf)
- Schablonen mit Buchstaben und Zahlen
- Klebeband – (normal und beidseitig)
- Metallecken (Kantenschutz) im Vintagestyle
- Flache L-Schienen – am besten vor Ort im Laden kaufen (Baumarkt)
- Schraubhaken – am besten vor Ort im Laden kaufen (Baumarkt)
- Schrauben
- Schleifpapier (Körnung 60, 180 und 240)
- Sprühkleber (non-permanent)
- Karton

Werkzeug:

- 3 Wachspinsel oder fusselfreie Tücher
- Stupfpinsel
- Kurzflor-Rolle
- Akkuschrauber
- Schleifmaschine

So wird's gemacht:

Schritt 1

Der Lack muss ab! Arbeite dazu in drei Schleifvorgängen: zuerst mit Körnung 60, dann 180 und zum Schluss mit Körnung 240 für eine schöne glatte Oberfläche. Baue den Hocker am besten auseinander. So kannst du ihn am einfachsten schleifen. Danach musst du alles gut entstauben und mit einem Fettlöser reinigen.

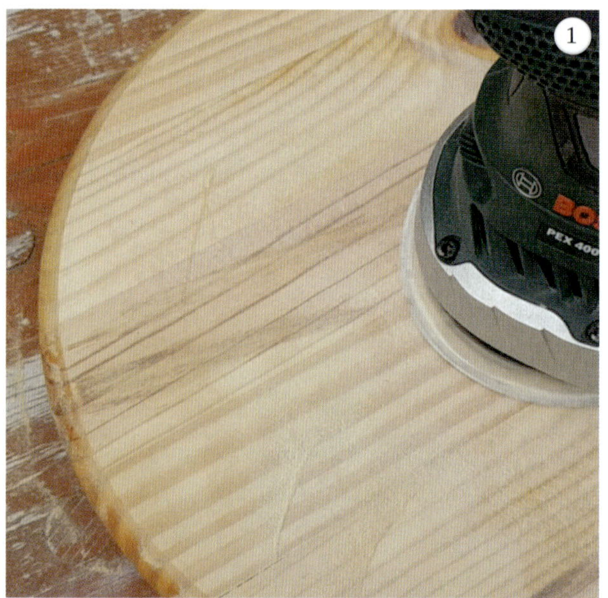

Schritt 2

Auf den Holzhocker und die einzelne Box mit einem großen Wachspinsel trägst du das braune Möbelwachs satt auf und reibst es ein. Nimm nach ca. 30 Minuten mit einem fusselfreien Tuch den Überschuss ab und lasse es auf jeden Fall 24 Stunden trocknen.

Schritt 3

Für den abgenutzten Look setzt du nun noch stellenweise mit dem schwarzen Möbelwachs Akzente setzen. Dafür nimmst du einen kleinen Pinsel. Du trägst das schwarze Wachs am besten an den Kanten und auch an einigen Stellen der Holzmaserung auf. Sei aber sparsam mit dem Wachs.

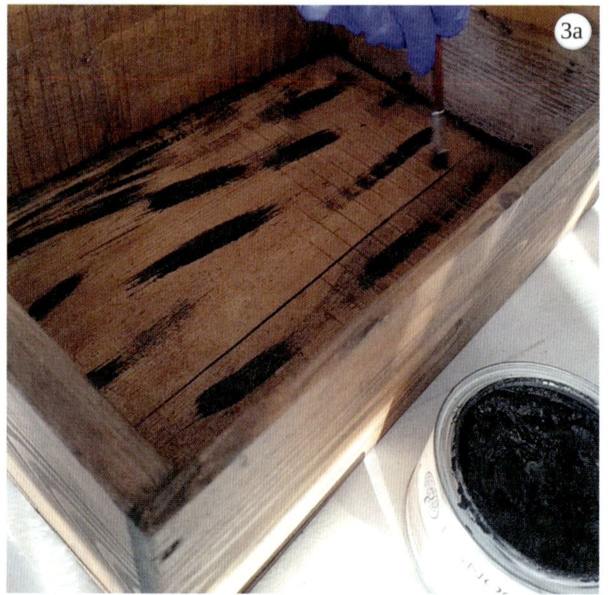

Danach nimmst du ein fusselfreies Tuch und wischt das schwarze Wachs wieder weg. So entstehen schöne dunklere Stellen für den Alterungseffekt. Lass auch diese Wachsschicht mindestens 24 Stunden trocknen.

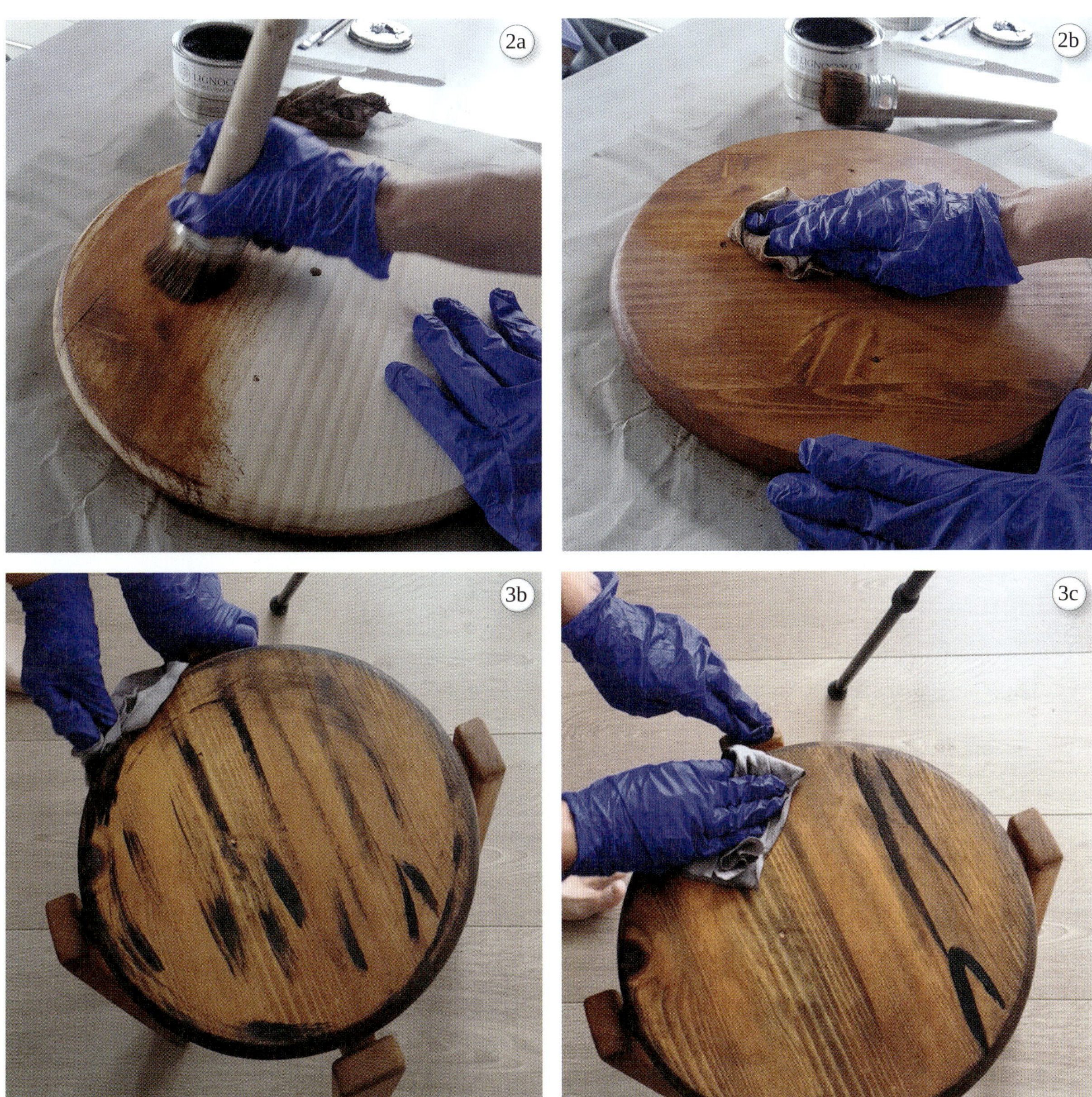
2a
2b
3b
3c

Schritt 4
Jetzt werden alle drei Projekte schabloniert.

Mit dem Kreppband klebst du »Rallyestreifen« auf die Oberflächen. Diese malst du mit Kreidefarbe »Deep Sea« aus und schablonierst am besten vor dem Abziehen des mittleren Klebestreifens noch einen Kreis darauf.

Diese Schablone schneidest du aus einem festen Malkarton aus und besprühst sie mit einem nicht permanenten Sprühkleber auf der Rückseite. So hält dieser ganz wunderbar auf dem Holz.

Beim Boxenturm macht es sich sehr gut, wenn du auch die Deckelinnenseite sowie die Kanten mit dem Deep Sea streichst.

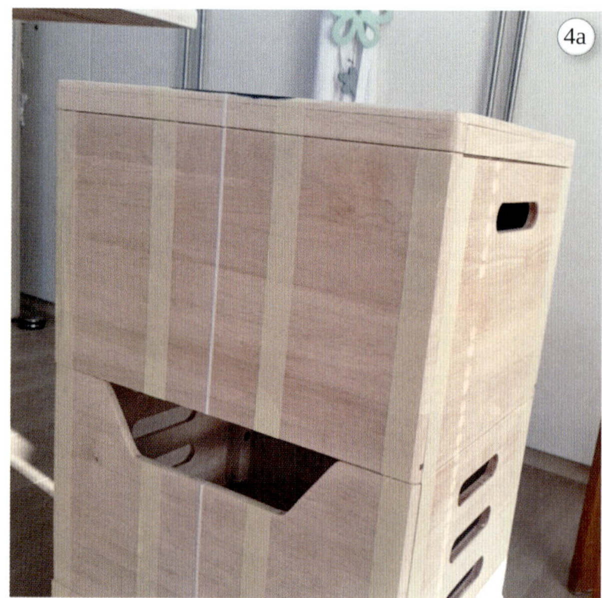
4a

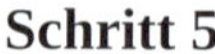

Tipp

Da es große Flächen sind, nimm einfach eine Kurzflor-Rolle. Trage die Farbe immer vom Klebe- bzw. Schablonenrand weg auf. So vermeidest du das Unterlaufen der Farbe.

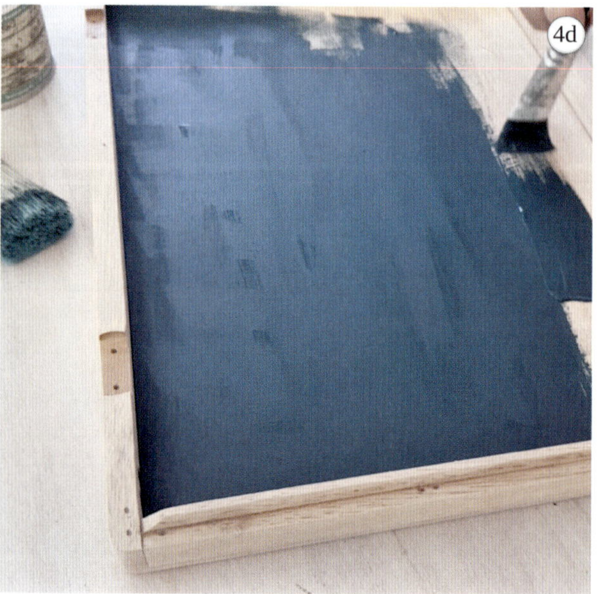
4d

Schritt 5
Was sich jetzt noch gut macht sind Beschriftungen und Nummern in einem schwarzen Farbton. Das passt sehr gut zum Gamer-Mobiliar. Also ran an die Schablonen und den Stupfpinsel.

Klebe dir am besten mit dem Klebeband eine Linie, damit auch alles schön gerade wird.

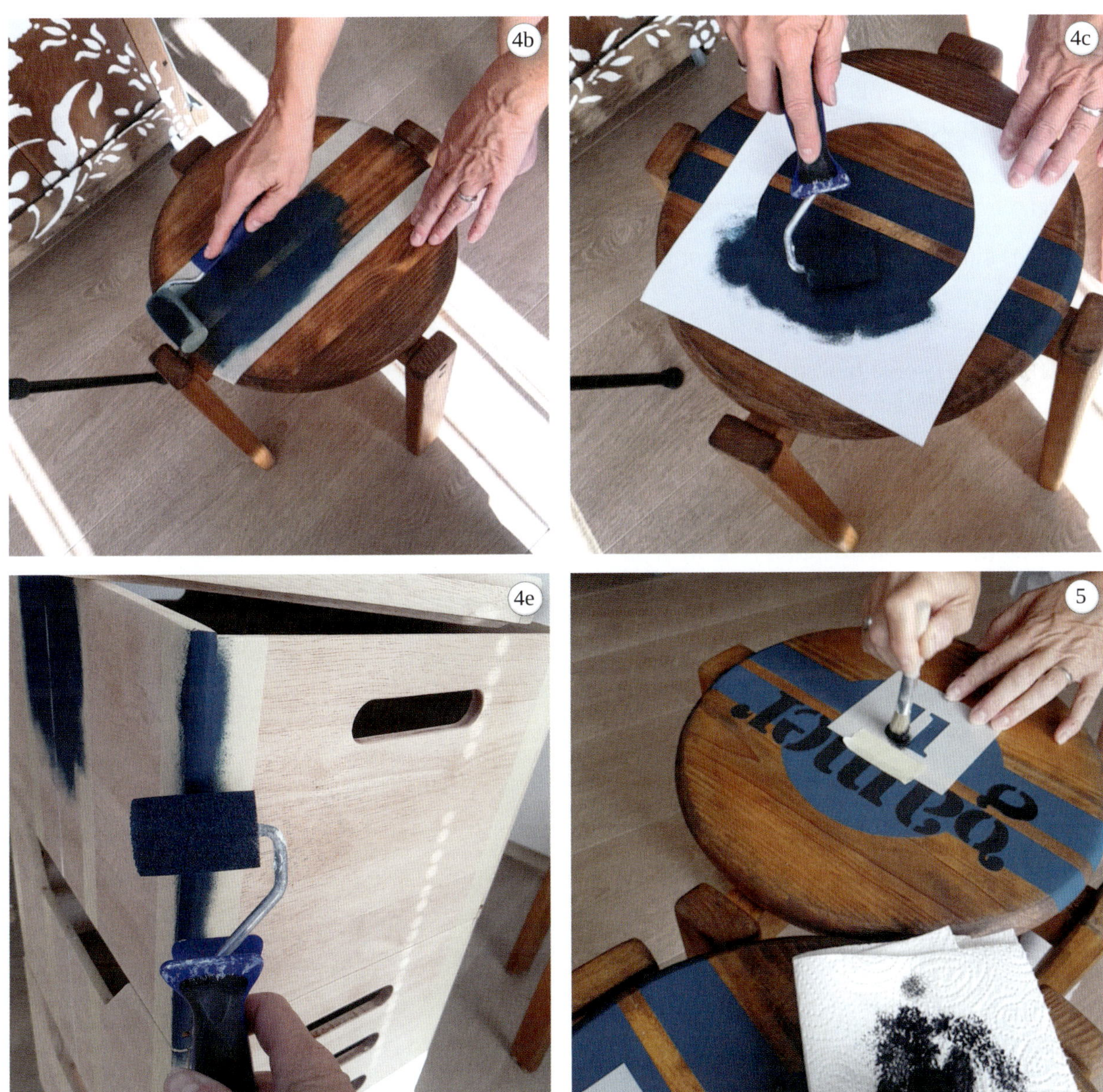
4b
4c
4e
5

Schritt 6
Zum Schluss muss noch alles versiegelt werden. Du kannst für alle Tools das transparente Möbelwachs verwenden.

Beim Boxenturm habe ich ein Leinölfirnis verwendet, um das Holz noch etwas anzufeuern.

Lass alles ein paar Tage trocknen, bevor es benutzt wird.

Schritt 7
Für den richtig coolen Industrial Style schraubst du an die Hockerbeine noch schwarze L-Schienen. Beim Holzturm reicht es aus, wenn du diese mit beidseitigem Klebeband befestigt.

Für die Holzbox habe ich Ecken im Vintage-Style besorgt. Diese werden mit Nägeln befestigt. Außerdem habe ich noch ein paar Haken für das Aufhängen von Kopfhörer und Co angebracht.

Bemale die Köpfe der Schrauben am Ende noch mit schwarzer Kreidefarbe.

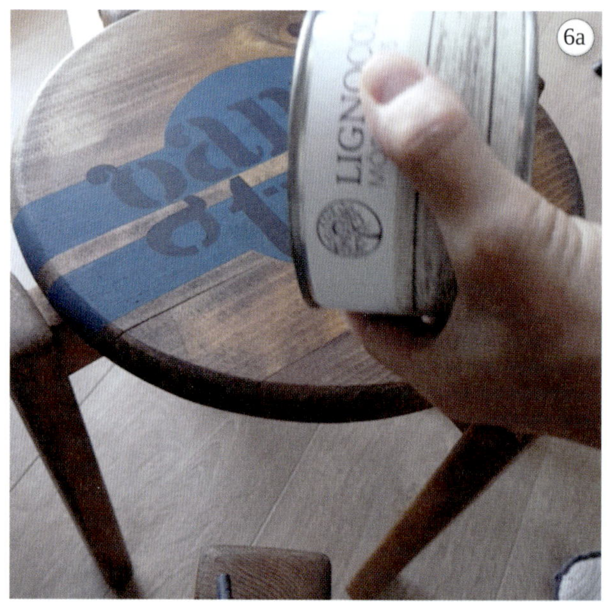

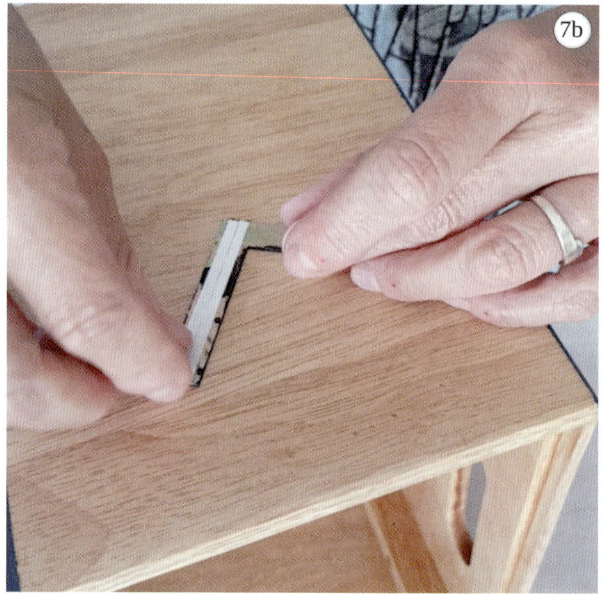

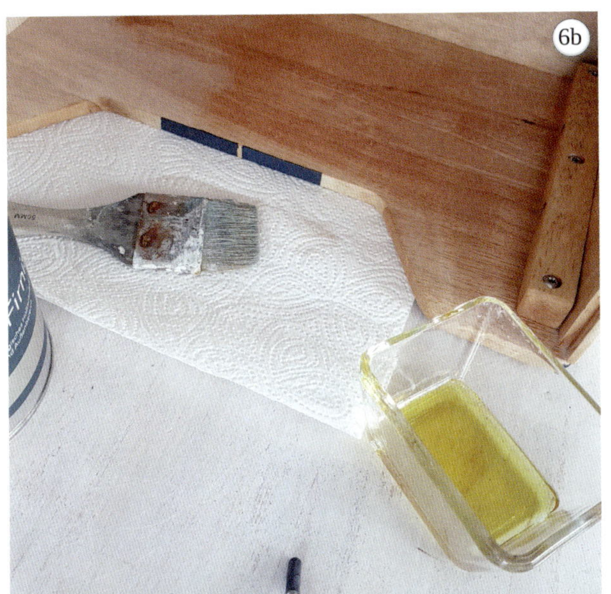
6b

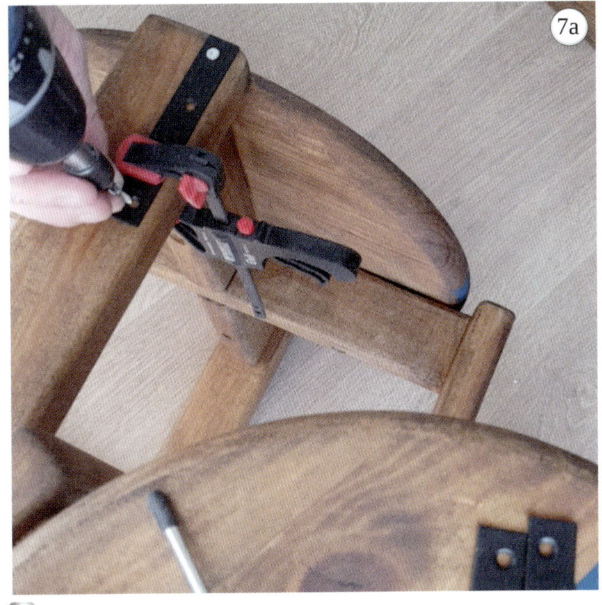
7a

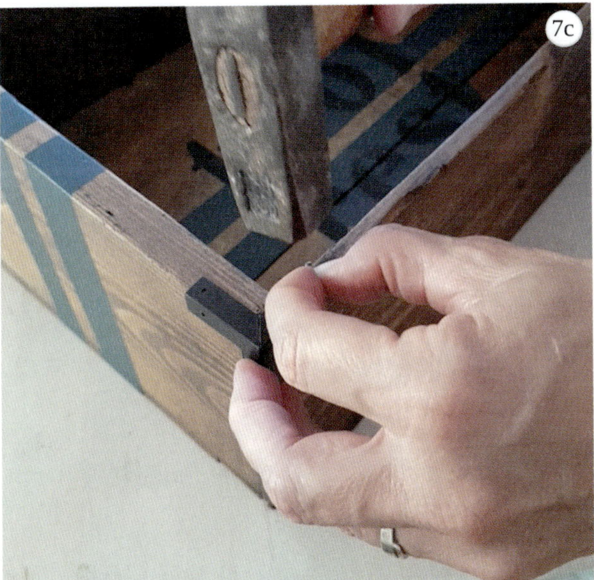
7c

Tipp

Solltest du keine schwarzen L-Schienen bekommen, dann kannst du diese auch mit schwarzer Kreidefarbe streichen und mit schwarzem Möbelwachs versiegeln.

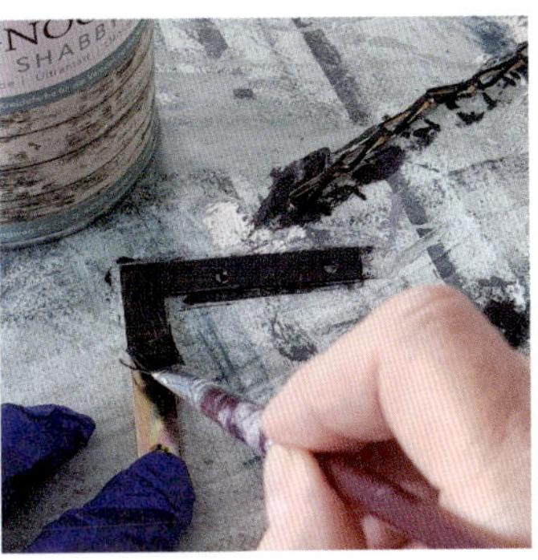

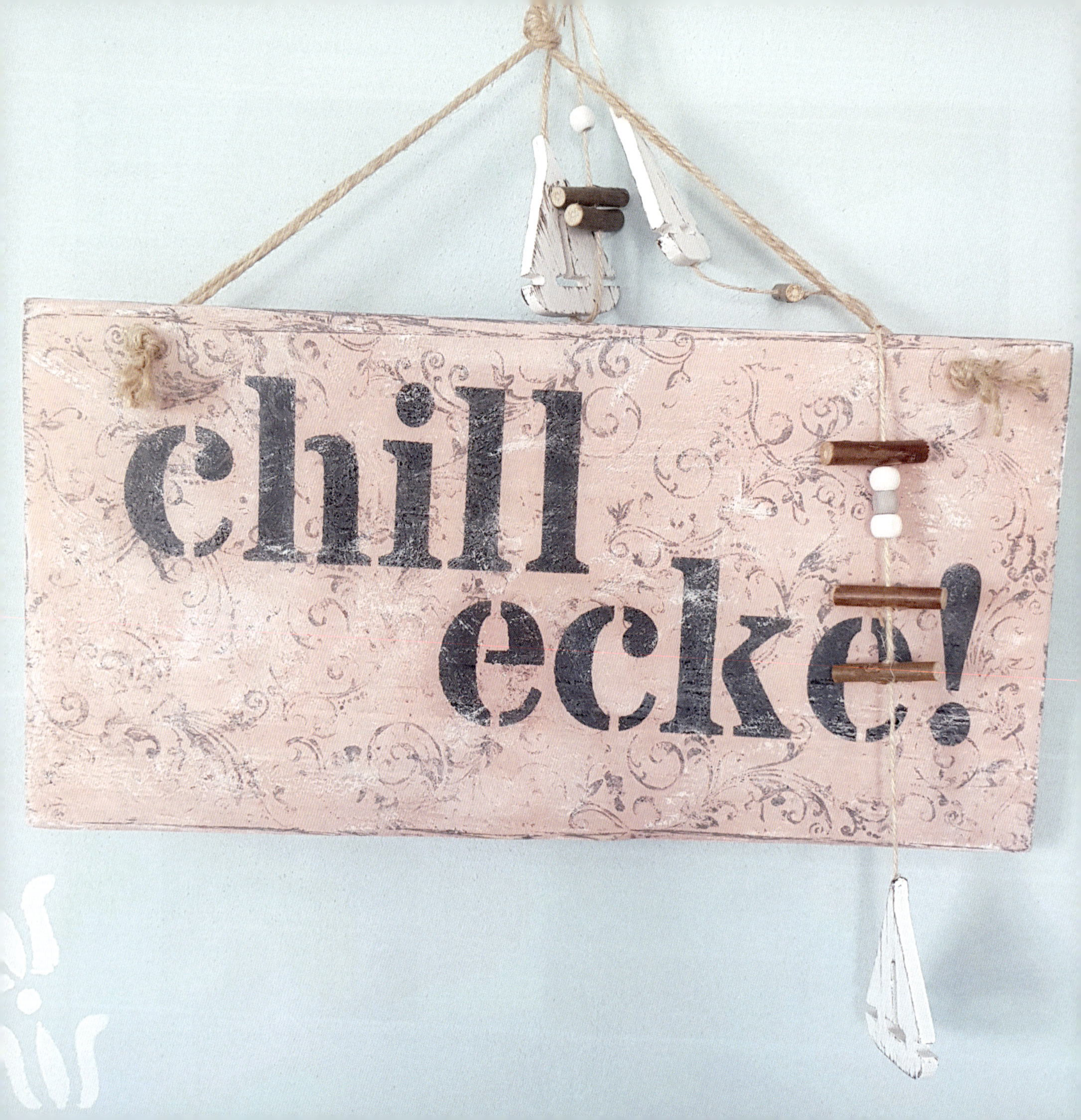
chill
ecke!

Vintage-Holzschild im Beach Look

Tolle Schilder – abgenutzt und verwittert vom Wetter. Das kannst du sehr einfach schnell selber machen. Damit peppst du jeden Eingangsbereich oder eine chillige Ecke auf deiner Terrasse sowie im Garten auf.

Dieser Beach Look ist auch ein Shabby Chic, jedoch erinnert er eher an einen Gegenstand, der länger der salzigen Meeresluft ausgesetzt war.

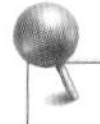

Videoanleitung

https://kreativstattandrea.de/beach-schilder

Tipp

(Kostenpflichtige) Vorlagen für Schriftzüge:

https://kreativstattandrea.de/vorlagen-schilder

Material:

- Holzbrett – kann auch ein altes Regalbrett sein
- Kreidefarbe in Dunkelbraun (Tabernas)
- Kreidefarbe (Lieblingston, Schwarz, Weiß)
- Saltwash®
- Möbelwachs Weiß
- Klebeband
- Juteschnur

Werkzeug:

- 2 Pinsel
- 1 Pinsel Flach
- 1 Stupfpinsel
- Altes Messer oder Spachtel
- Schleifpapier Körnung 120 oder 180
- Decor Stamp / Clear Stamp
- Buchstaben-Schablonen
- Schwämmchen
- Elektrobohrer

So wird's gemacht:

Schritt 1

Zuerst bringst du ein altes oder neues Holzbrett auf das gewünschte Maß kaufest eins. Danach muss es noch auf »alt« getrimmt werden. Das machst du mit einer Spachtel und einem alten Messer.

Du kannst diese wie einen Hobel nutzen, um die Kanten etwas abzutragen. Danach musst du das Bett noch etwas schleifen, damit keine Holzspieße herausstehen.

Schritt 2

Damit du das Schild aufhängen kannst, müssen noch Löcher gebohrt werden. Du kannst nun Juteschnur zum Aufhängen verwenden.

Schritt 3

Das Schild braucht einen dunklen Grundton. Streiche hierfür das Brett mit einem dunkelbraunen Ton – Tabernas. Lasse es gut trocknen.

Schritt 4

Nun mischst du Kreidefarbe in deinem Lieblingston mit SaltWash® nach Herstellerangaben zu einem dicken Brei. Diesen stupfst du mit einem etwas ausgefransten Pinsel auf. Sobald die Farbe etwas angetrocknet ist, nimmst du einen trockenen Pinsel und streichst zart über die Oberfläche. Mit dieser Methode glättest du die durch das Stupfen entstanden »Spitzen«.

Das gibt einen wunderbaren Effekt, so als ob hier tatsächlich Salzwasserluft am Werk gewesen wäre. Beach Look eben!

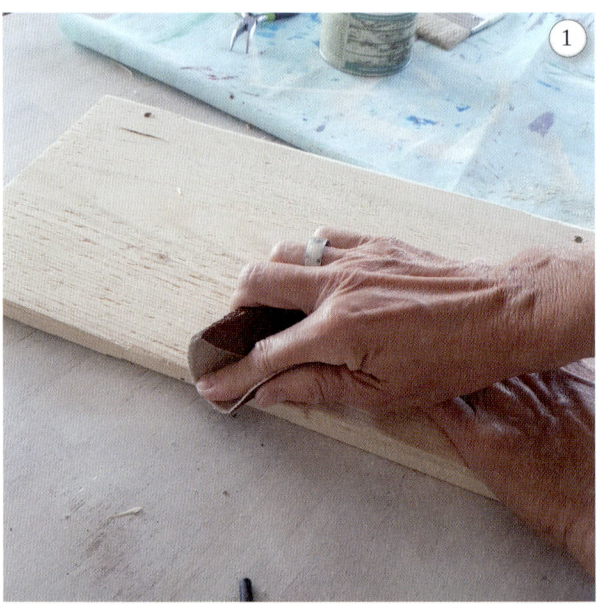

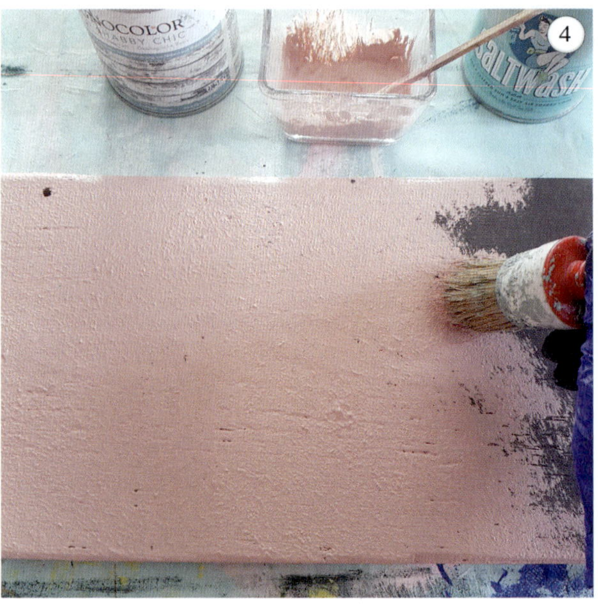

Schritt 5
Schleifen für den Shabby Chic. Hier entscheidet dein Geschmack, wie stark du die Kanten und evtl. auch die Oberfläche anschleifst, damit die untere dunklere Farbschicht zum Vorschein kommt. Danach musst du das Bett sehr gründlich vom Staub befreien!

Schritt 6
Für den Schriftzug verwendest du Buchstaben-Schablonen und Kreidefarbe in Schwarz.

Du hast keine Schablonen, willst aber dennoch einen Schriftzug? Am Anfang des Kapitels findest du einen Link zu ein paar meiner Vorlagen von anderen Schildern direkt zum (kostenpflichtigen) Download – passend für Holzbretter der Größe 40 x 20 cm. Diese Schriftzüge werden mit Kohlepapier auf die Oberfläche übertragen und mit einem Chalky Paint nachgezeichnet.

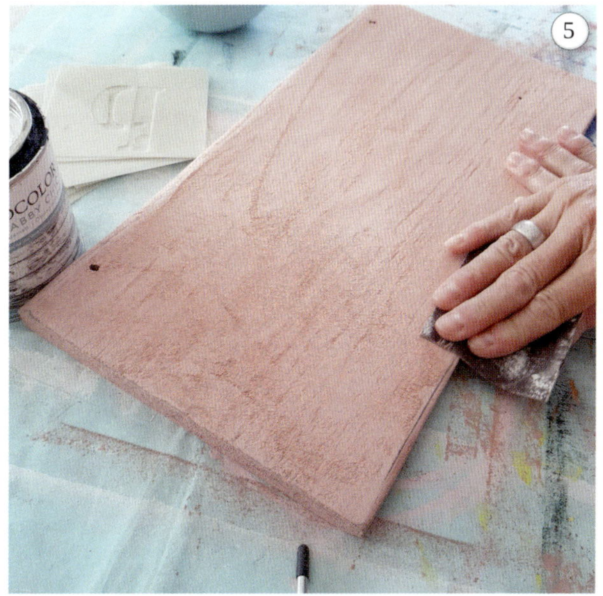

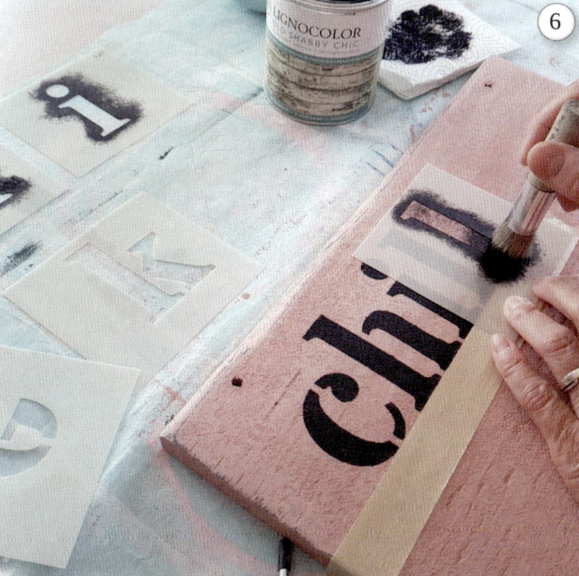

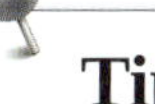

Tipp

Wenn du dir mit einem Klebeband eine Linie aufklebst, wird dein Schriftzug gerade.

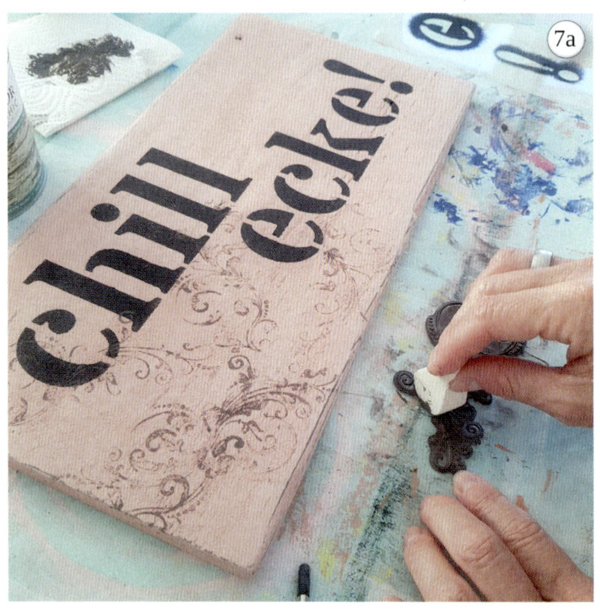

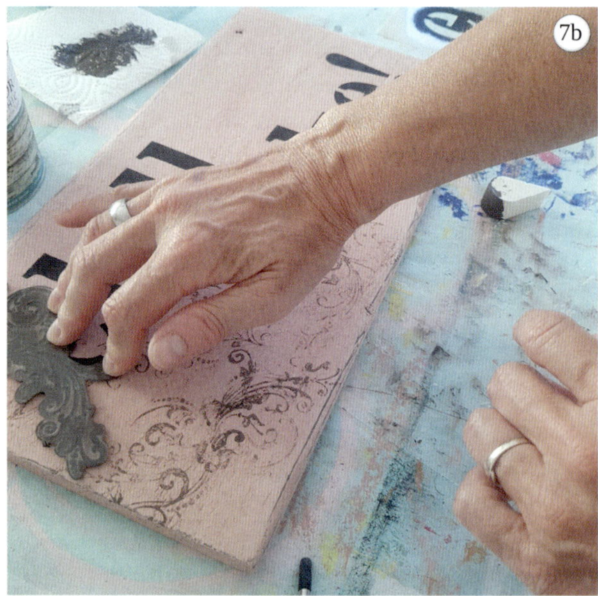

Schritt 7
Die filigranen Muster stempelst du mit einem Clear Stamp auf die Oberfläche oder nimmst eine Schablone dafür.

Die Kreidefarbe kannst du hier mit einem Schwämmchen auftupfen. Eine Gummiwalze ist nicht unbedingt von Nöten.

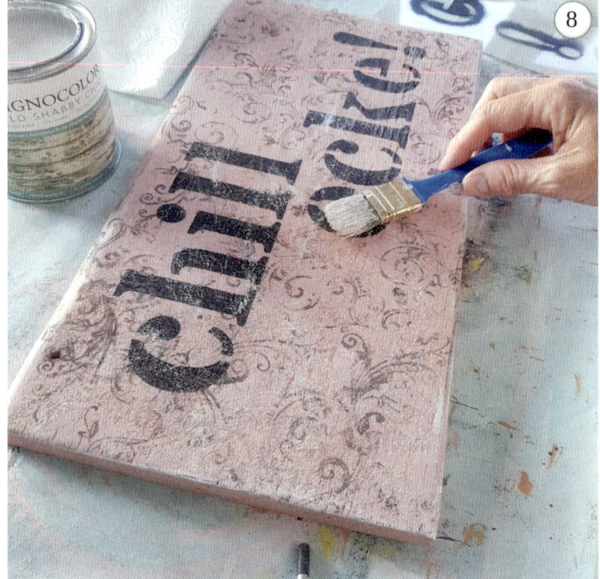

Schritt 8
Jetzt gehst du für einen noch stärkeren Beach Look mit weißer Kreidefarbe in der Dry-Brush-Technik über die Oberfläche.

Schritt 9
Zum Schluss solltest du alles noch mal etwas anschleifen, damit das Endfinish wirklich perfekt im Shabby Chic ist.

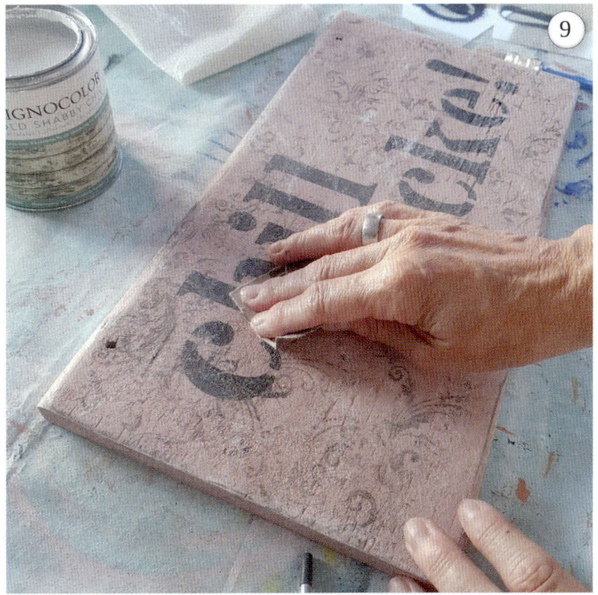

Schritt 10
Versiegele das Schild mit weißem Möbelwachs. So werden die Farben noch etwas blasser und wirken wie ausgebleicht.

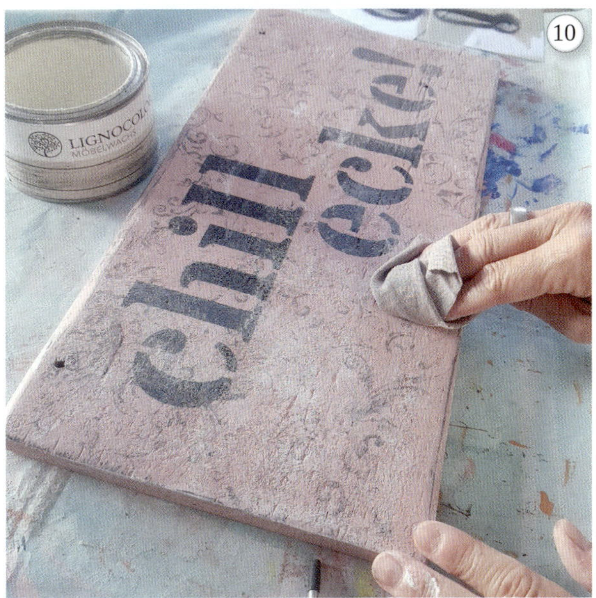

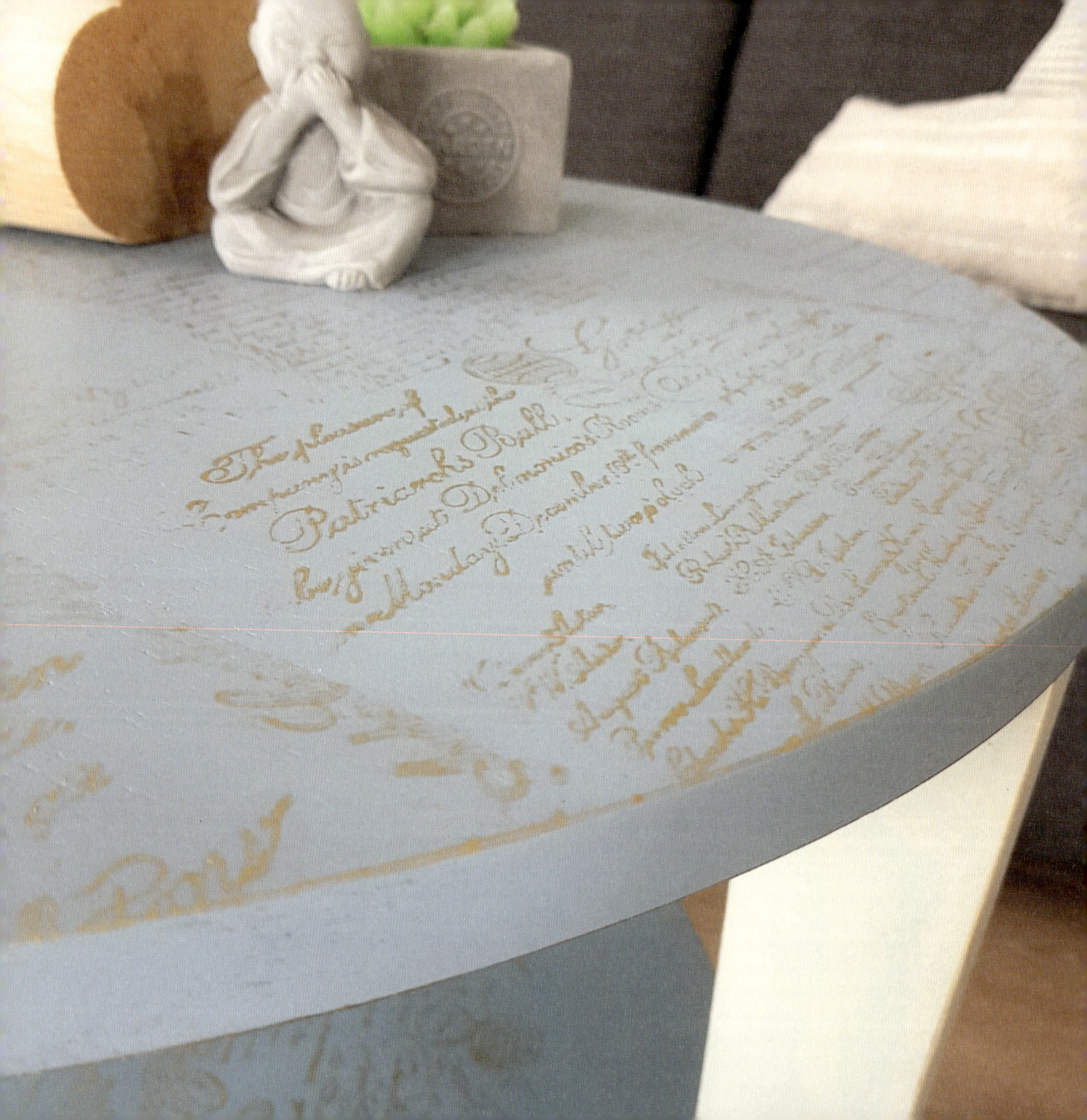
Patriarchs Ball

Ein Tisch – Zwei Varianten

Du hast einen alten Tisch – egal ob eckig oder rund – zu Hause. Er gefällt dir schon länger nicht mehr, aber zum Weggeben ist er noch zu schade. Dann habe ich hier gleich zwei neue Gestaltungsideen für deinen Tisch.

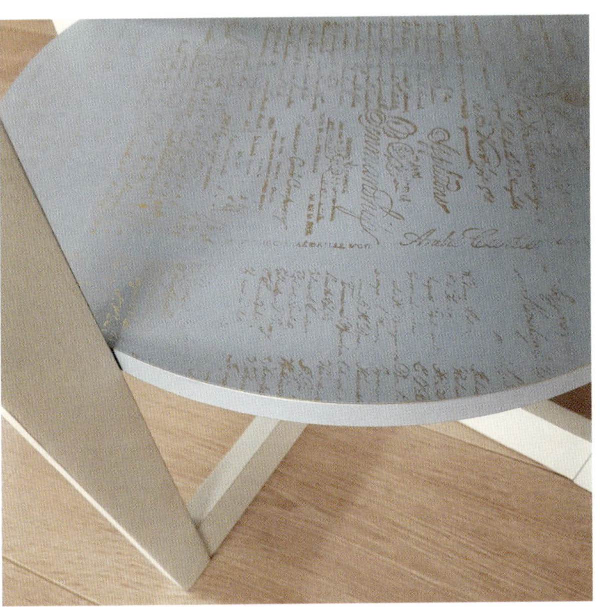

Variante 1: Klassisch elegant mit Gold

Material:

- Tisch
- Sperrgrund / Primer
- Kreidefarbe in drei Tönen (davon ein Ton in Gold, ein Ton für die Tischplatten und ein Ton für die Beine, hier: Blaugrün und Beigegrau)
- Decor Stamp (Clear Stamp) »Handwritten« von Re-Design
- Paddel aus Plastik oder Pappe
- Möbelwachs (transparent)
- Fettlöser

Werkzeug:

- Pinsel oder Rolle für Farbauftrag
- Kleineren Flachpinsel für Dry Brush
- Wachspinsel oder fusselfreies Tuch
- Gummiwalze
- Schleifklotz oder Schleifmaschine

So wird’s gemacht:

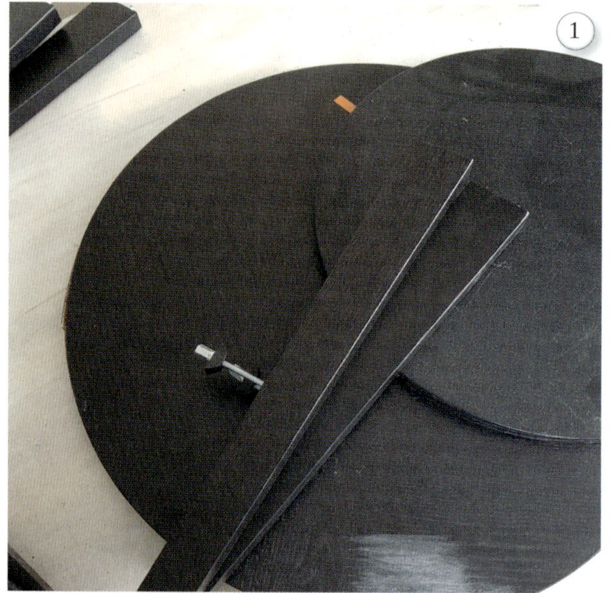

Schritt 1
Baue deinen Tisch so weit wie möglich auseinander. Es ist dann für dich einfacher, alle Stellen anzuschleifen bzw. zu streichen/rollen.

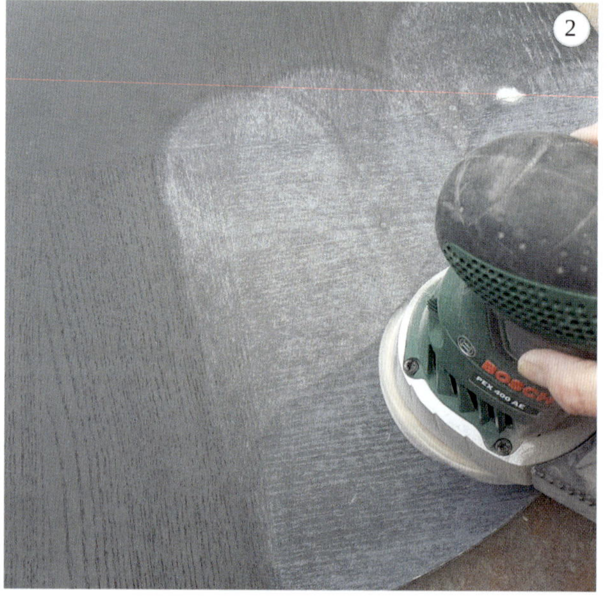

Schritt 2
Voraussetzung ist immer, dass alles an deinem Möbelstück in Ordnung ist. Sollte es Macken geben oder etwas zu kleben sein, so erledige erst diese Arbeiten, bevor du daran gehst, die Oberfläche anzuschleifen. Hierfür reicht ein Schleifpapier der Körnung 240. Benutze dazu einen Schleifklotz oder eine Schleifmaschine.

Schritt 3
Es ist sehr wichtig, dass du den Schleifstaub gut entfernst. Du kannst das mit einem großen, weichen Pinsel oder gleich mit dem Staubsauger erledigen. Die Oberfläche sollte vollkommen fettfrei sein. Farben mögen kein Fett oder ölige Verschmutzungen, denn darauf können sie nicht haften.

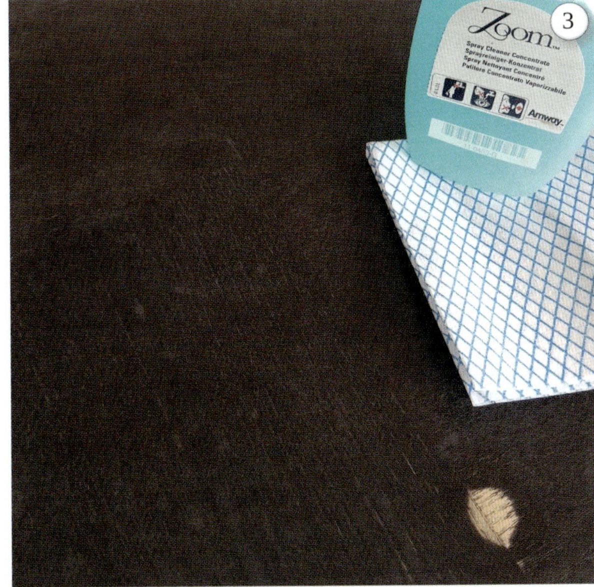

Schritt 4
Trage einen weißen Sperrgrund auf, falls der Tisch eine dunkle Oberfläche hat und du ihn mit einer hellen Farbe streichen möchtest. Somit sparst du dir mindestens eine Schicht Farbe, weil der Sperrgrund den dunklen Ton »wegsperrt« und dann auch bei hellen Farbtönen nichts mehr durchschimmern kann.

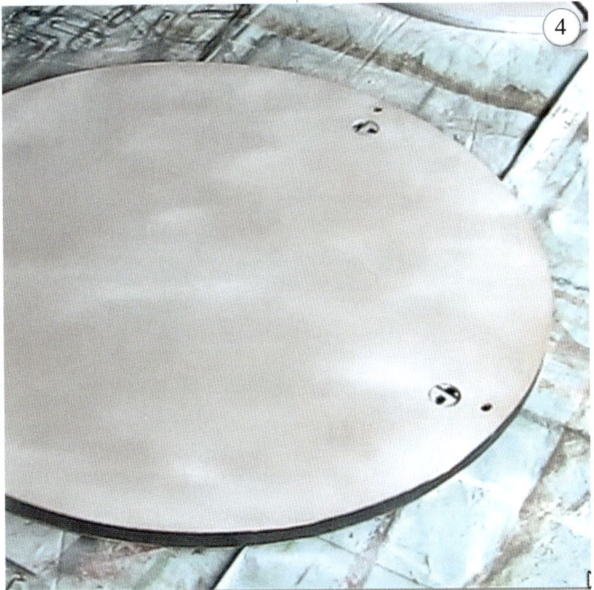

Schritt 5
Die Farbe wird gleichmäßig in zwei Schichten auf alle Bauteile aufgetragen.

Schritt 6
Stempele deine Oberfläche im Farbton Gold.

Schritt 7
Für die Goldkanten nimmst du einen Flachpinsel und den Farbton Gold – also die Farbe deines Stempeldrucks.

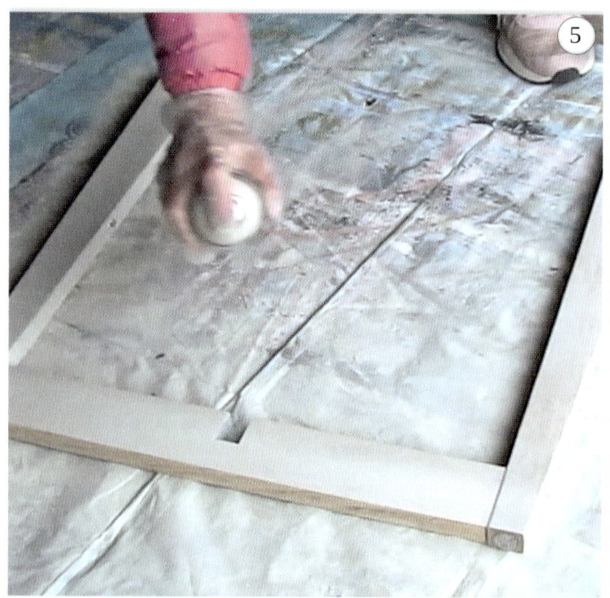

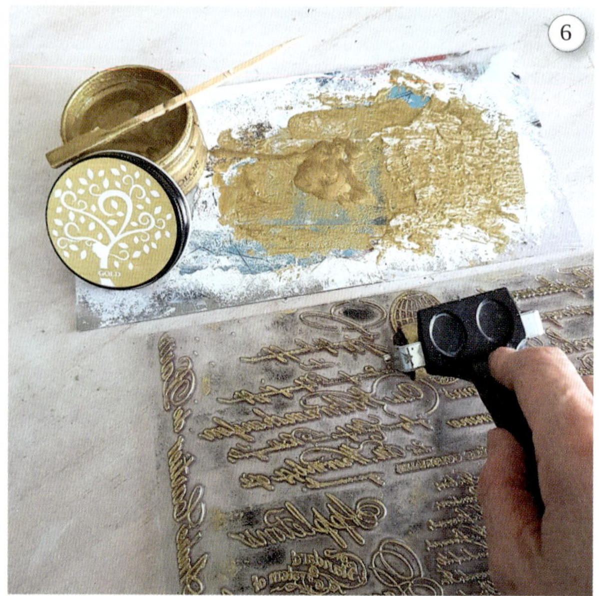

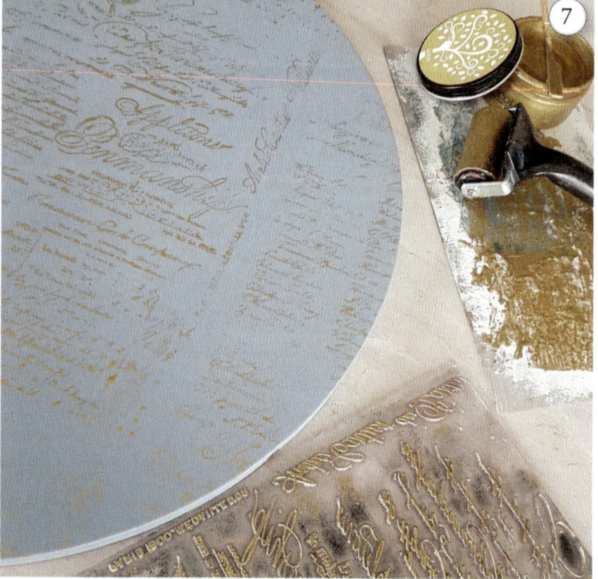

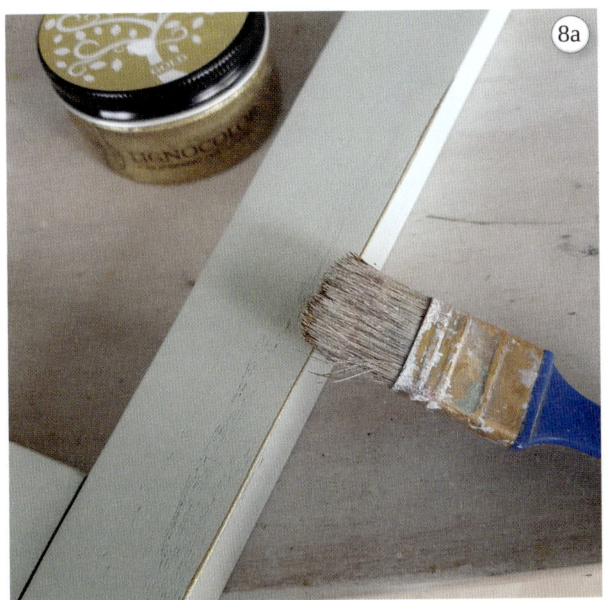

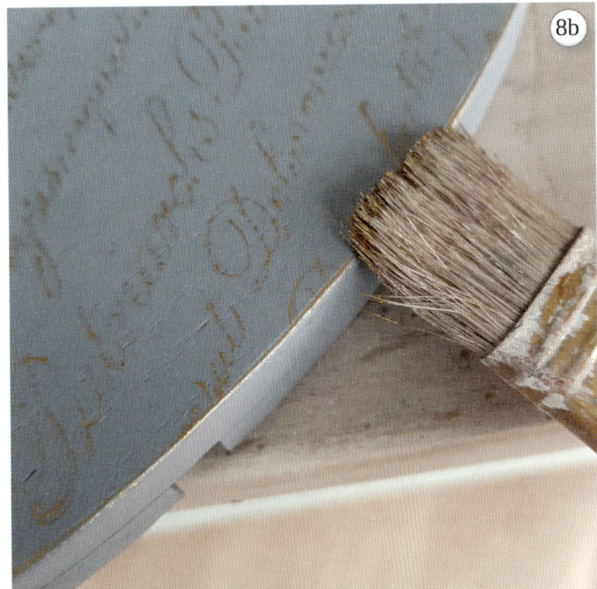

Schritt 8
Nun ist es wichtig, deine Oberfläche vor weiteren negativen Einflüssen zu schützen. Da dies nur ein Beistelltisch ist, genügt für die Versiegelung ein transparentes Möbelwachs.

Schritt 9
Was du vorher auseinandergenommen hast, musst du nun wieder zusammenfügen.

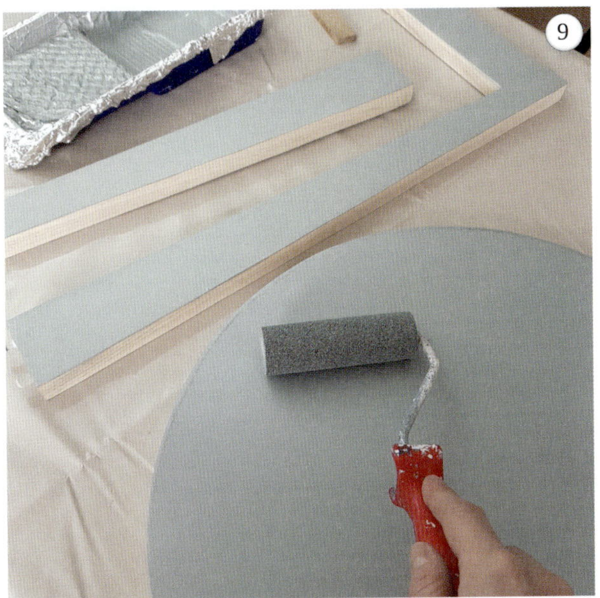

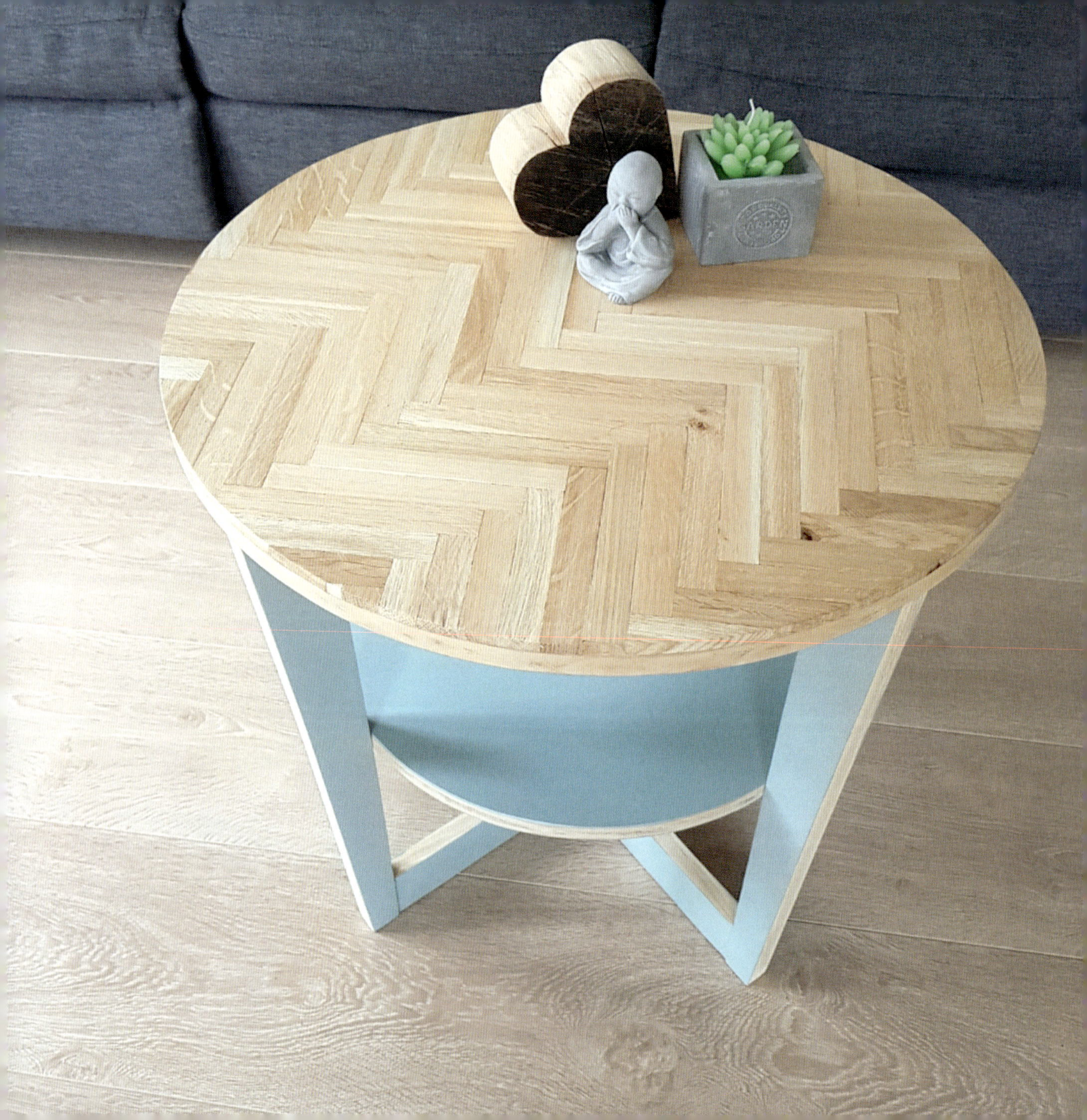

Variante 2: Modern Skandinavisch mit Holz

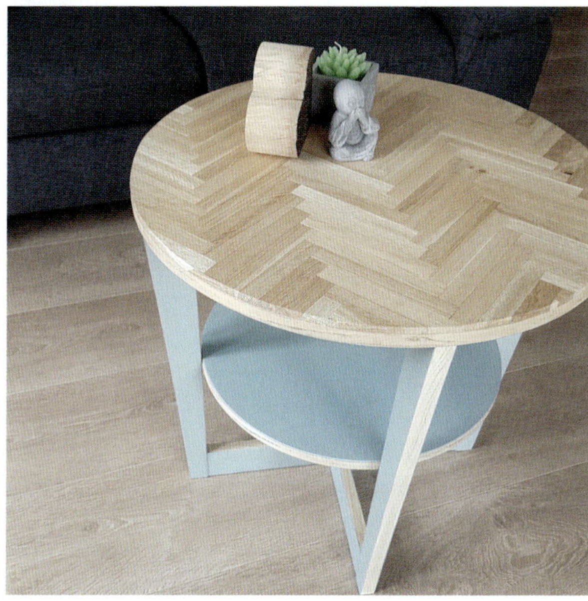

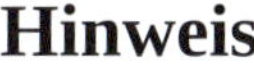

Hinweis

Bei Variante 2 brauchst du etwas handwerkliches Geschick für die Deckplatte und die Füße deines Tisches sollten aus Echtholz sein, wenn du diese Variante 1:1 nacharbeiten willst.

Die Arbeitsschritte in dieser Anleitung eignen sich nur für intakte Oberflächen.

Material:

- Tisch
- Holzklötzchen Größe 160 mm x 8 mm x 22 mm
- Holzleim Express
- Sperrgrund / Primer
- Kreidefarbe zwei Töne – davon ein Ton in Silber und ein Ton deiner Wahl.
  Den Metallicfarbton mischt du dir selbst an.
  Hier: Vintage Green
- Schleifpapier Körnung 120, 180 und 240
- Möbelwachs transparent
- Fettlöser

Werkzeug:

- Pinsel oder Rolle für Farbauftrag
- Schleifklotz, besser Schleifmaschine
- Manuelle Gehrungssäge oder Schneidlade mit Feinsäge
- Anschlagwinkel
- Geodreieck
- Künstlerspachtel klein
- Multifunktionswerkzeug

So wird's gemacht:

Die ersten vier Schritte sind mit Variante 1 identisch. Nachdem der Tisch zerlegt, abgeschliffen und gereinigt ist, können wir nun die Holzklötzchen aufkleben.

Schritt 5
Markiere die Mitte der Tischplatte und ziehe einen senkrechten Strich – egal ob die Platte rund oder eckig ist. An dieser Markierung entlang fangen wir an, unsere Klötzchen so aufzukleben, dass die Ecken in einer Flucht verlaufen.

Nutze dazu einen Anschlagwinkel und auch ein Geodreieck, damit deine ersten Klötzchen wirklich im 90-Grad-Winkel liegen. Du kannst das Geodreieck auch festkleben, damit es nicht verrutscht.

Für das Aufkleben deiner Klötzchen verwendest du den Holzleim Express. Diesen trägst du am besten mit einem Pinsel gleichmäßig auf dein Klötzchen auf und legst dieses dann mit etwas Druck an seinen Platz.

Mit dem Anschlagwinkel prüfst du den korrekten Winkel nach. Wenn du die ersten drei Reihen gelegt hast, wartest du zwei Stunden, bis der Leim gut angetrocknet ist.

Nun kannst du deine Holzklötzchen weiter aufkleben. Arbeite erst die eine Richtung komplett fertig und nutze den Winkelanschlag, um alle Holzstäbe mit etwas Druck richtig anzulegen und immer 90° Grad einzuhalten.

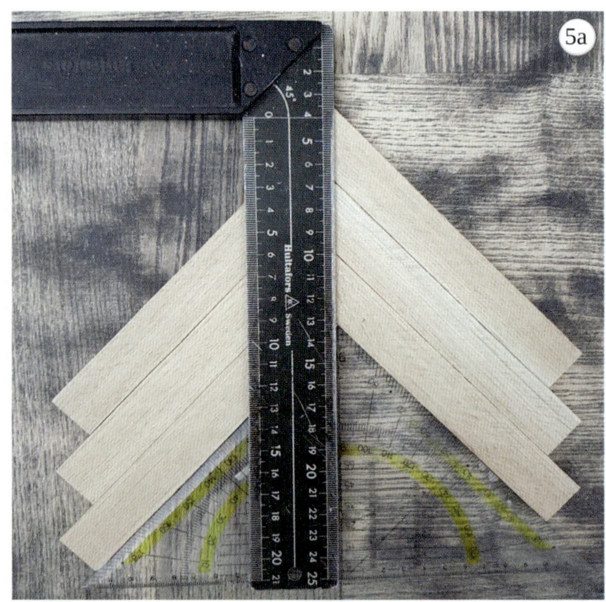

5a

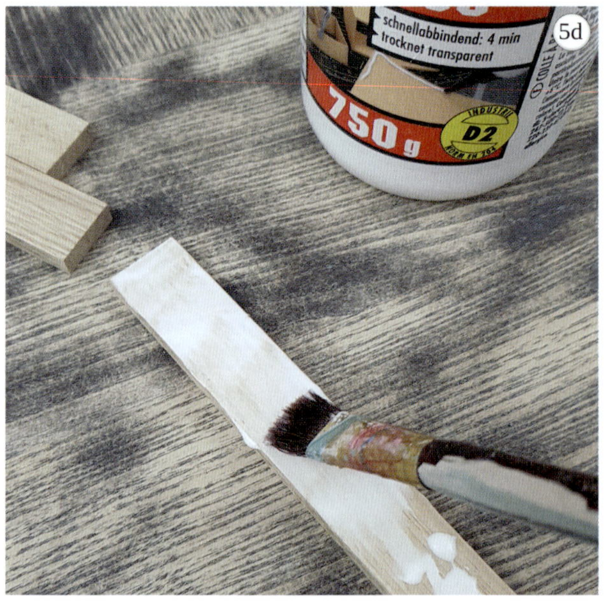

5d

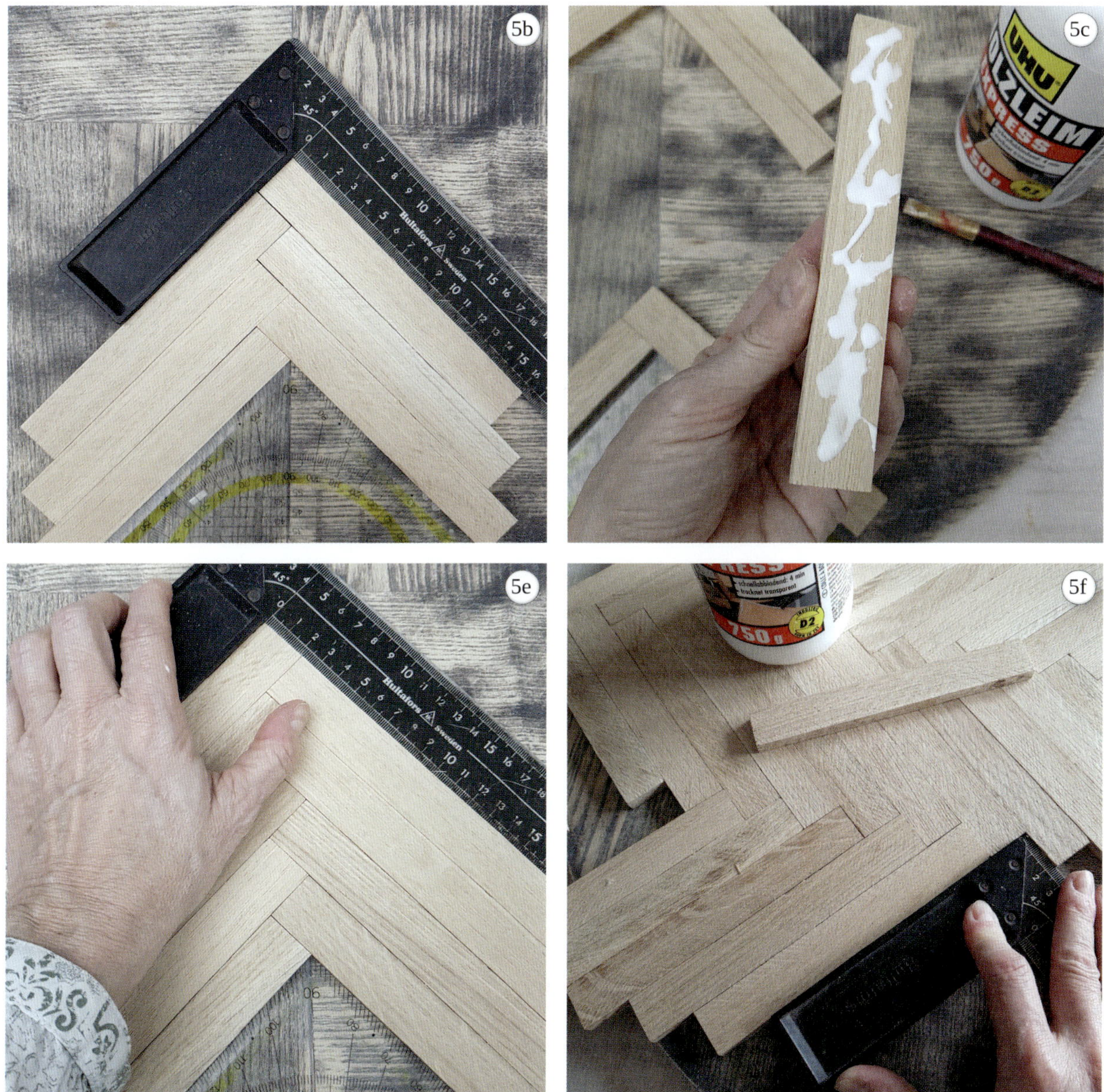
5b
5c
5e
5f
UHU
HOLZLEIM
EXPRESS
750 g
D2

Für die Randpartie habe ich mir die Holzklötzchen etwas kürzer gesägt, um die Ressourcen besser zu verarbeiten. Am Ende bleiben auch mal ganz kleine oder schmale Stellen frei. Hier habe ich die Klötzchen dann auch seitlich verklebt und mit einem Klebeband fixiert.

Die fertige Holztischplatte musst du nun über Nacht gut durchtrocknen lassen. Gerne kannst du sie auch auf den Kopf legen und beschweren.

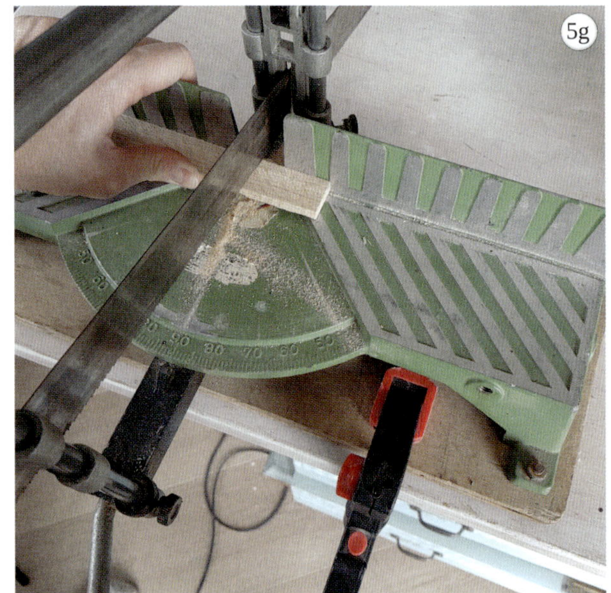

5g

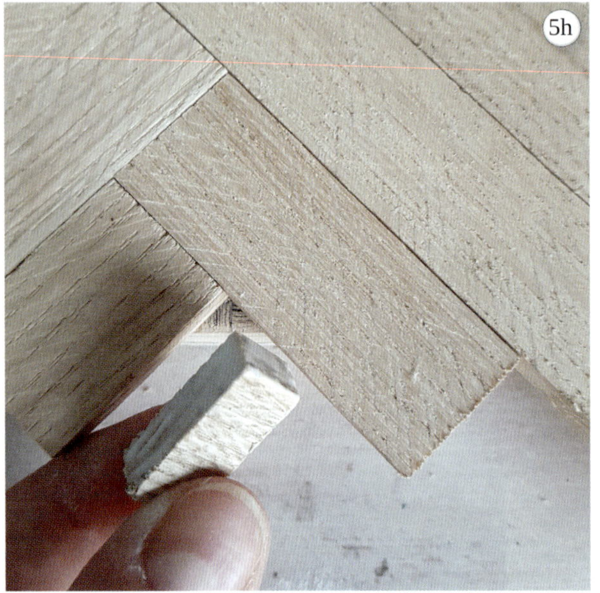

5h

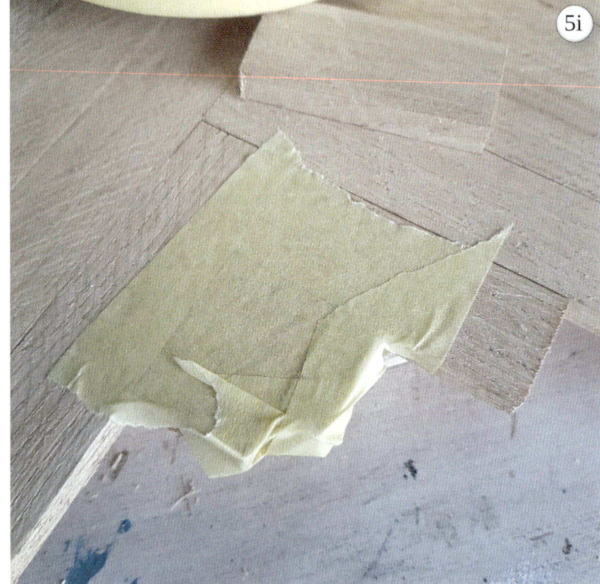

5i

Schritt 6
Nun müssen natürlich die Überstände noch weg. Lege die Tischplatte auf den Kopf, damit du die Kante gut sehen kannst. Nun wählst du für das Multitool einen Aufsatz für Holz – am besten eine breitere Variante, damit du genug Auflagefläche hast. Anschließend musst du vorsichtig an der Tischkante entlang sägen. Dabei solltest du darauf achten, dass das Sägeblatt senkrecht an der Kante anliegt und das Multitool gleichmäßig nach vorne bewegt wird.

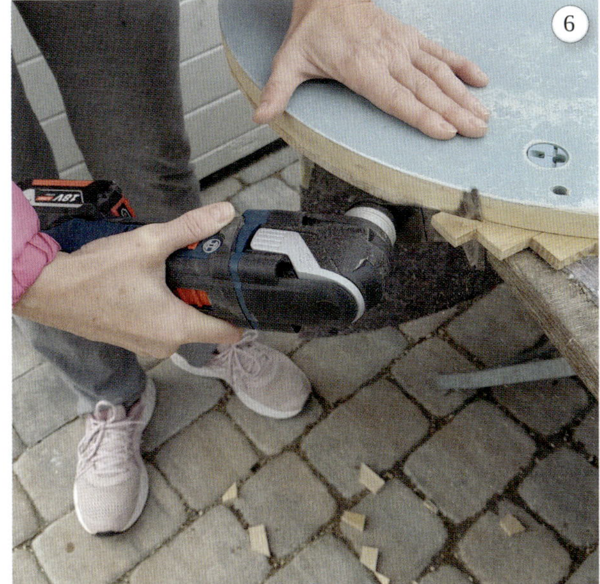

Schritt 7
Für eine saubere Optik und eine glatte Oberfläche wird nun alles geschliffen. Für den ersten Schleifgang habe ich eine Körnung 120 verwendet. Damit bekommt man die Oberfläche sehr gleichmäßig, denn manchmal ist ein Klötzchen etwas höher als die anderen. Danach nimmst du noch Körnung 240 für den letzten Schliff und schleifst auch die Kante nach.

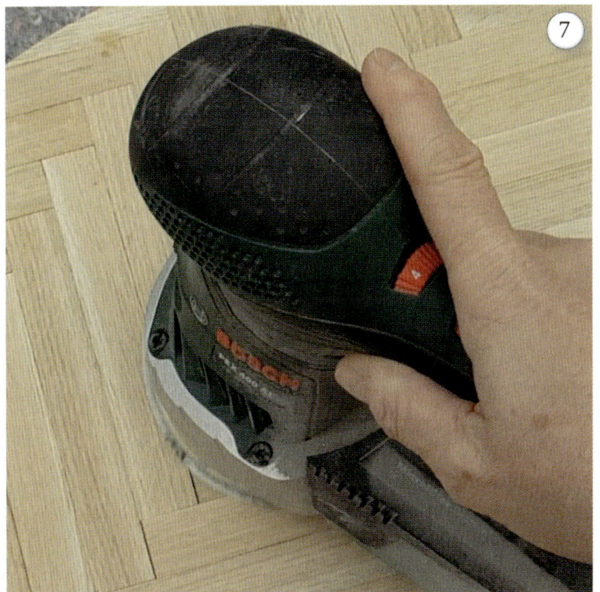

Schritt 8

Beim Aufkleben sind trotz größter Sorgfalt Lücken entstanden. Diese füllen wir nun mit einer farblich passenden Holzpaste auf. Nimm einen weichen Spachtel und drücke die Masse in die Lücken. Lass anschließend alles einige Minuten trocknen und kratze den Überstand an Paste dann mit dem flexiblen Spachtel ab. Zum Schluss werden die gespachtelten Stellen mit 120er Körnung geschliffen.

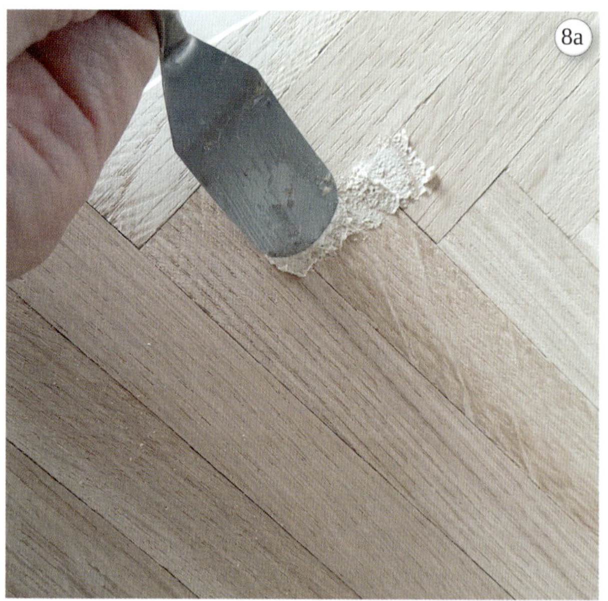

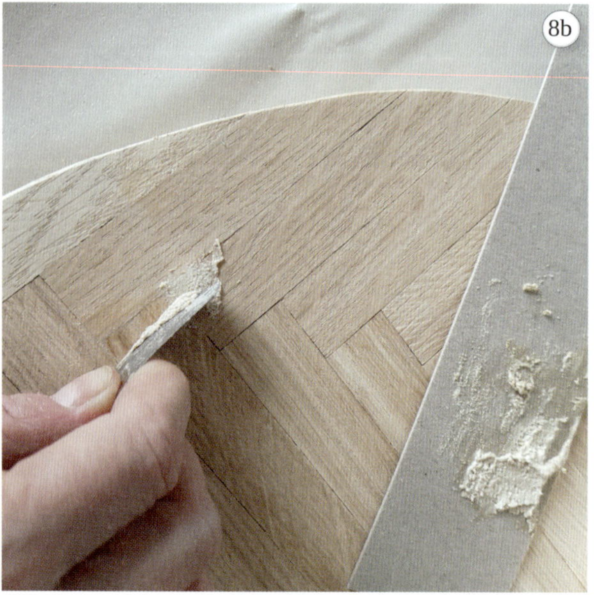

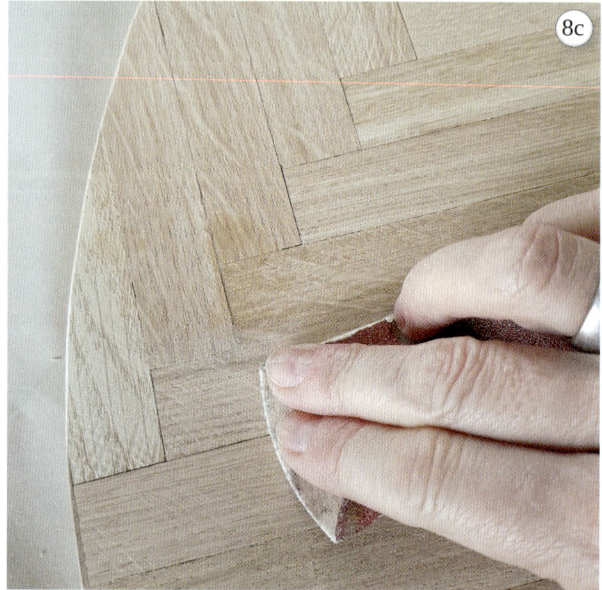

Schritt 9
In zwei Schichten wird nun die Farbe aufgetragen. Für unser Beispiel habe ich Silber und Vintage Green im Verhältnis 2:1 gemischt. Um einen sehr glatten Lack-Look zu bekommen, habe ich mich für eine Schaumstoffrolle entschieden.

Schritt 10
Als letztes wird die Oberfläche mit transparentem Möbelwachs versiegelt.

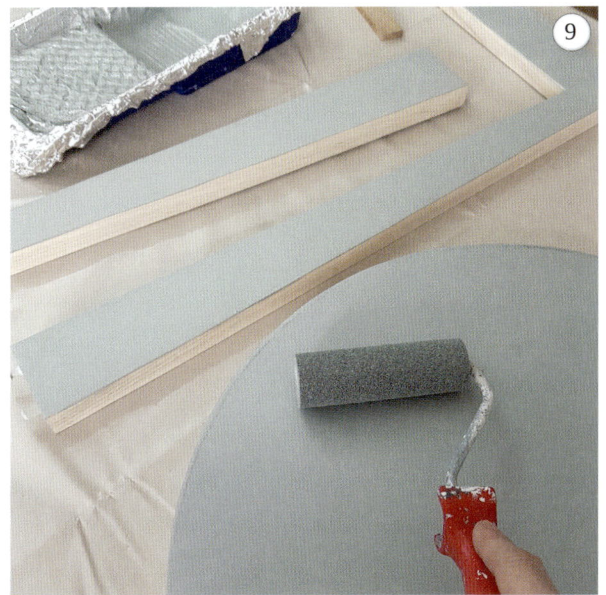

Tipp: Holzpaste selbstgemacht

Beim Zusägen der Holzstäbchen für den Randbereich sind Sägespäne angefallen. Mische diese Späne mit Holzleim auf einem Stück Pappe und schon hast du selbstgemachte Holzpaste.

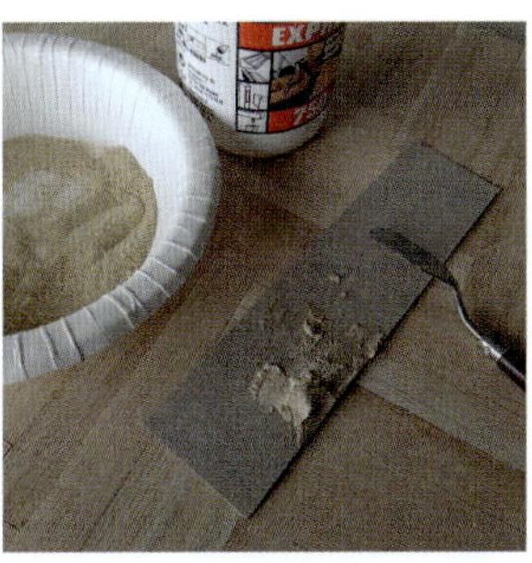

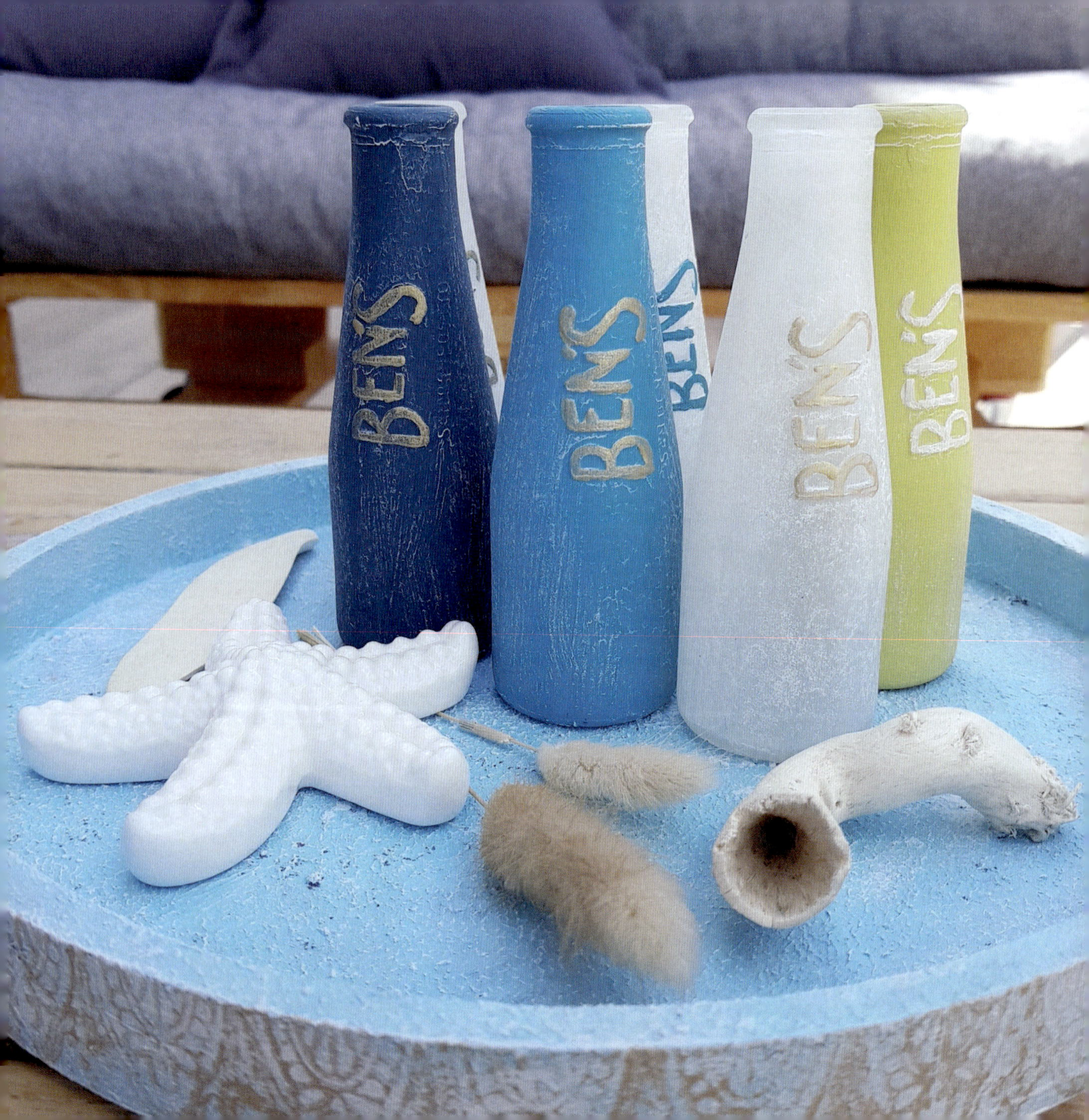
BEN'S
BEN'S
BEN'S
BEN'S

Maritime Sommer-Deko – vom Meer geküsst

Mit nur zwei einfachen Zutaten kannst du eine wunderschöne Tisch Deko gestalten, die auch auf Terrasse oder im Garten genutzt werden kann.

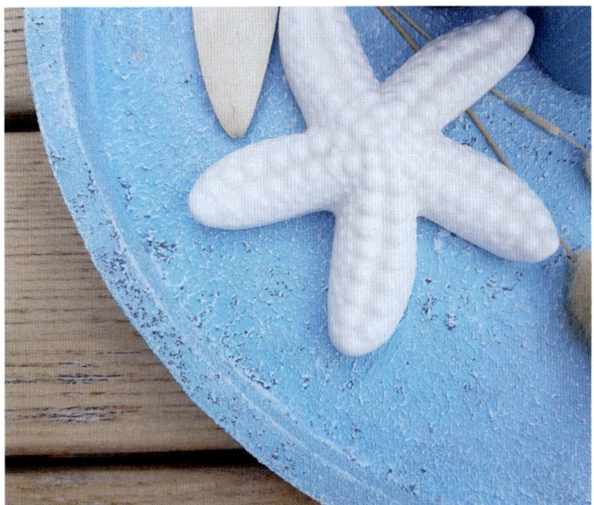

Zur Erinnerung an einen schönen Urlaub am Meer geben wir hier einem Tablett und ein paar kleinen Flaschen den von Salzluft verwitterten Look.

Fangen wir mit dem Tablett an.

Material:

- Tablett aus Holz, Kunststoff oder Metall
- Kreidefarbe 1 sehr dunkler Ton, 1 heller Ton deiner Wahl und Weiß
- Kreidefarbe Metallic Gold
- Saltwash®-Pulver
- Decor Stamp »Bohemian Dreamer« von Re-Design oder anderer Stempel

Werkzeug:

- 2 Pinsel (dürfen etwas ausgefranst sein)
- 1 Flachpinsel
- Gummiwalze

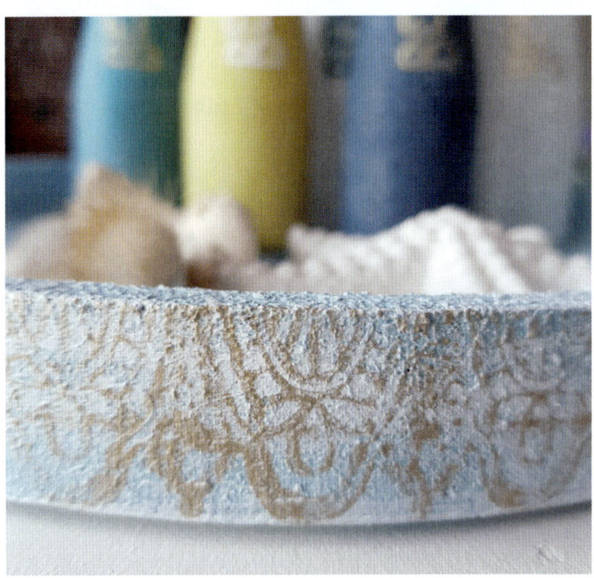

So wird's gemacht:

Schritt 1
Mische Saltwash® und Kreidefarbe nach Herstellerangabe. Verwende einen dunklen Farbton (hier: Tabernas).

Schritt 2
Stupfe diese Mischung auf das Tablett. Denke daran, nach jeder Schicht die Spitzen zu brechen, indem du mit einem flachen Pinsel kreuz und quer über die Oberfläche gehst und dabei die »Spitzen« glattstreichst.

Lasse diese Schicht nun gut trocknen. Warte dazu ca. 4-5 Minuten.

Schritt 3
Nimm nun den **hellen Farbton (hier Limpet Shell).** Stupfe diesen mit dem Pinsel auf die Oberfläche. Nimm, solange die Farbe noch nass ist, ein feuchtes Tuch und tupfe über die Oberfläche. Dabei wirst du wieder etwas Farbe abnehmen.

Schritt 4
Um den von Salzluft verwitterten Look noch zu verstärken, gehst du noch mit weißer Farbe und der DRY-Brush-Technik über die Oberfläche.

Schritt 5
Für einen schönen Akzent kannst du dein Design nun noch mit dem Decor Stamp abschließen. Durch die raue Oberfläche wird natürlich auch dein Farbauftrag unregelmäßig, was wunderbar zu diesem verwitterten Design passt.

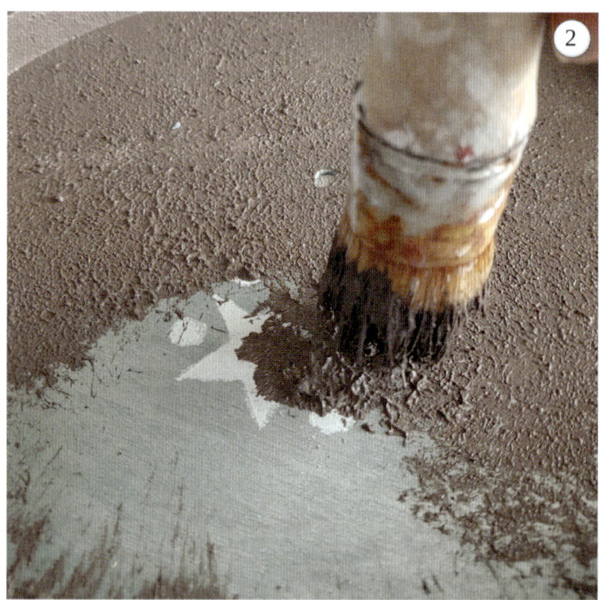
2

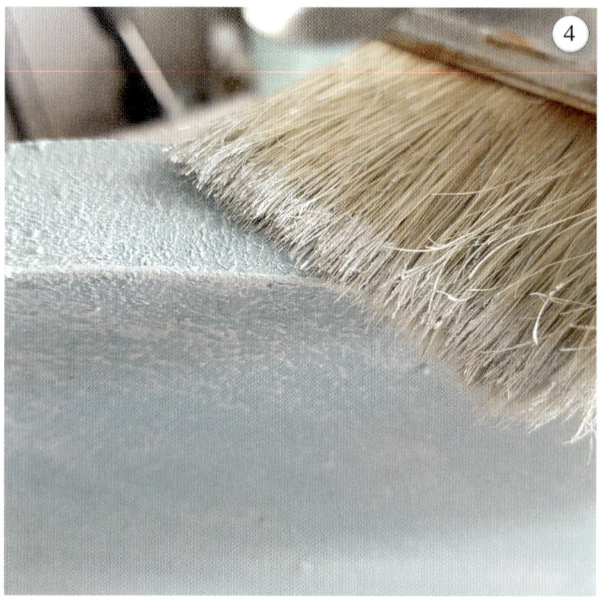
4

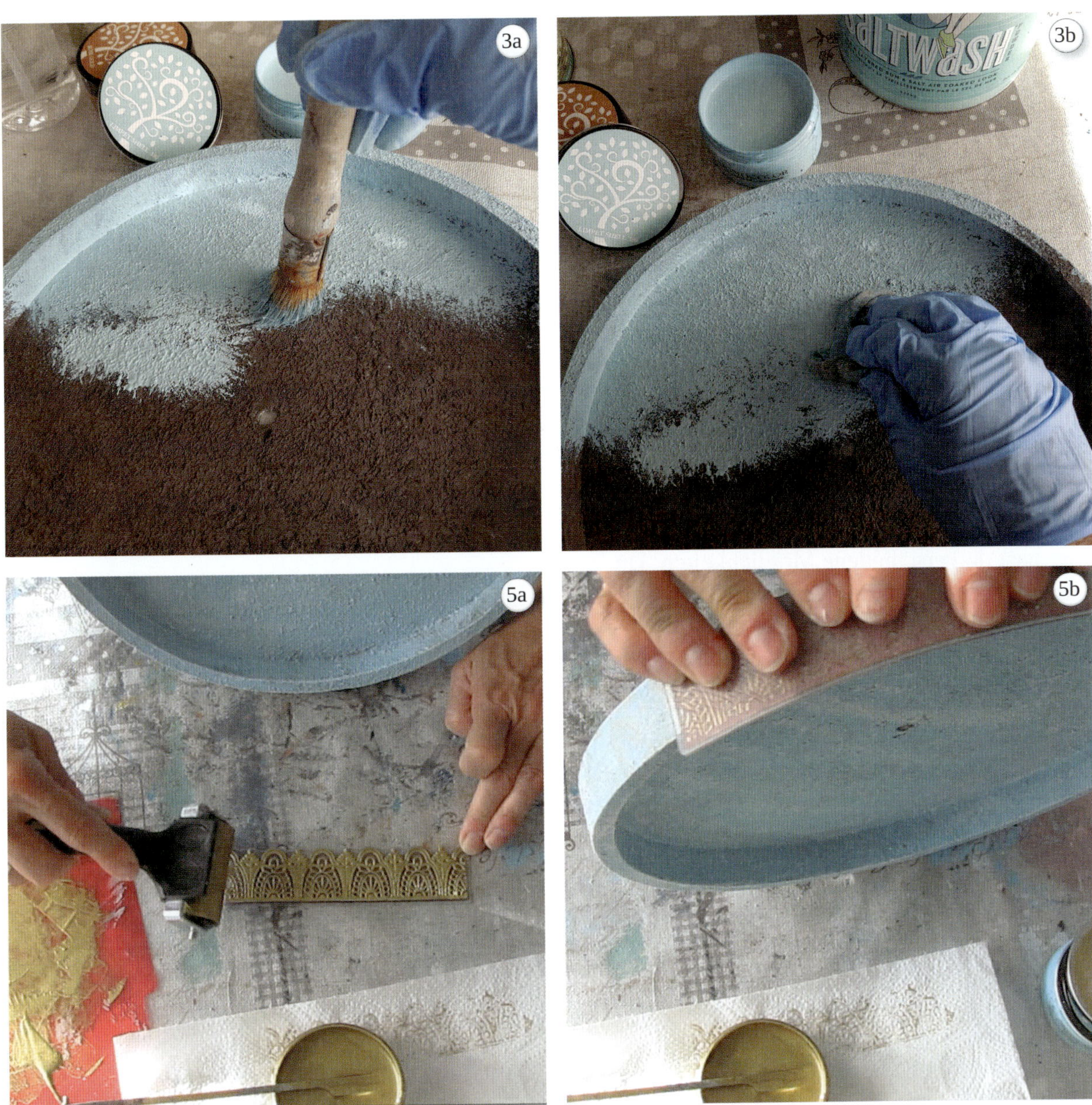
3a
3b
5a
5b

Machen wir mit den Glasflaschen weiter.

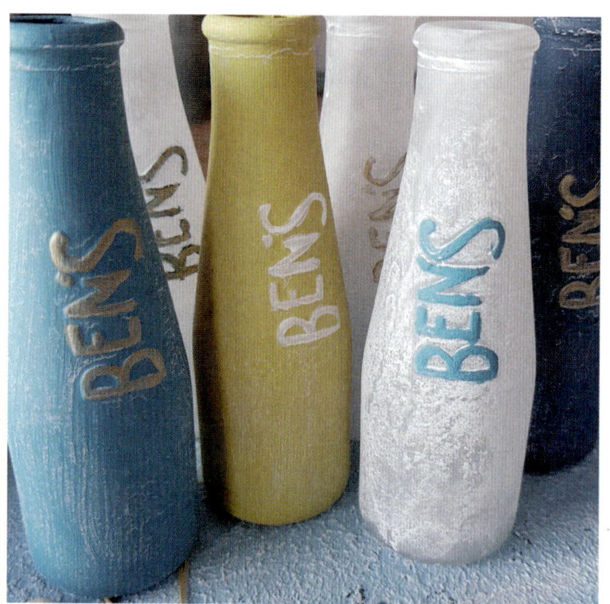

Material:

- Kleine Glasflaschen, Gläser, kleine Vasen
- Kreidefarbe Weiß
- Kreidefarbe in verschiedenen Tönen – hier reichen Reste
- Saltwash®-Pulver

Werkzeug:

- Pinsel – für jede Farbe einen Pinsel
- Sprühflasche mit 100 ml oder 200 ml

So wird's gemacht:

Hier hast du verschiedene Möglichkeiten. Du kannst die Flaschen direkt mit dem Saltwash®-Spray besprühen oder du gibst ihnen vorher einen Anstrich mit Kreidefarbe.

Schritt 1
Wenn du dich für die Farbvariante entscheidest, dann trage zwei Schichten auf. Lass diese dazwischen gut trocknen und auch die letzte Schicht.

Hier mal meine verwendeten Farbtöne von Lignocolor:

Vintage Blue, Mustard (Senf), Deep Sea

Ich finde, die passen so richtig klasse zum maritimen Sommer-Look.

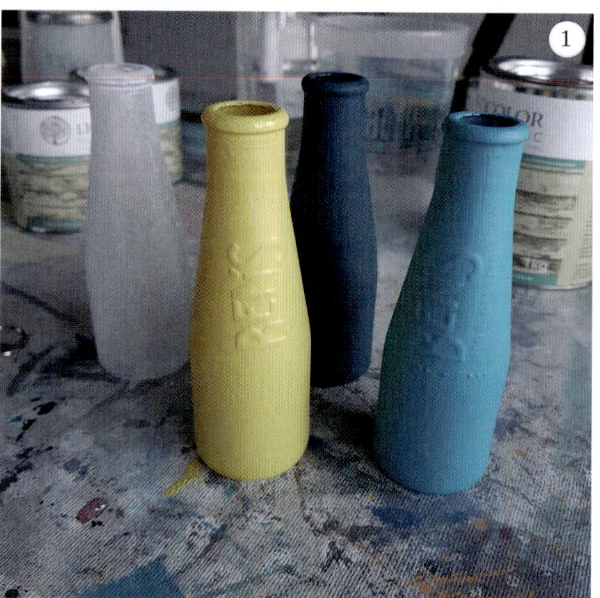

Schritt 2

Nun werden die Flaschen in mehreren Durchgängen mit dem Saltwash®-Spray eingesprüht. Nach jeder Schicht bitte unbedingt 1 Stunde trocknen lassen. Wiederhole das Besprühen bis dir der Look gefällt.

So mischst du das Saltwash®-Pulver für ein Spray. Hier mal für eine kleine Sprühflasche mit 100 ml Inhalt:

- 2 ml Saltwash®-Pulver
- 2 ml Farbe in Weiß
- 80 ml Wasser

Alles gut durchschütteln und auch beim Ansprühen deiner Glasflaschen immer wieder gut schütteln, damit alles schön gemischt bleibt.

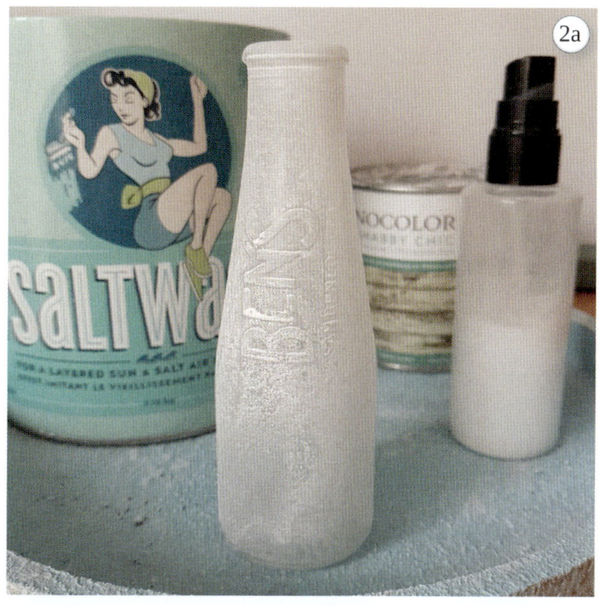

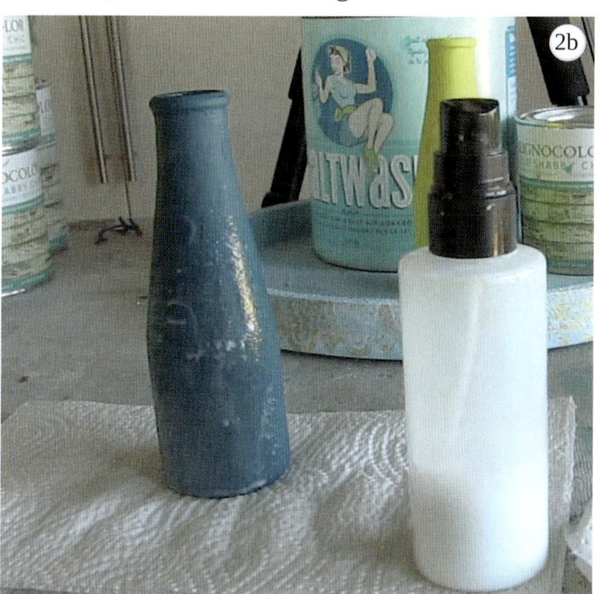

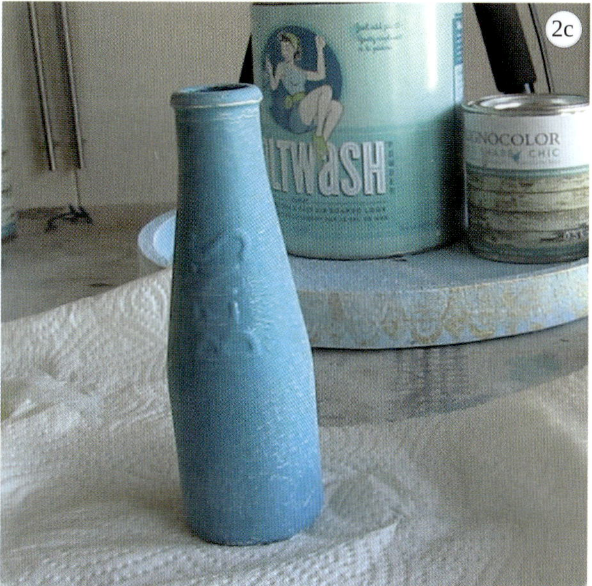

Schritt 3

Abschließend kannst du noch den Schriftzug oder eine eventuell auf der Flasche vorhandene Prägung farblich gestalten.

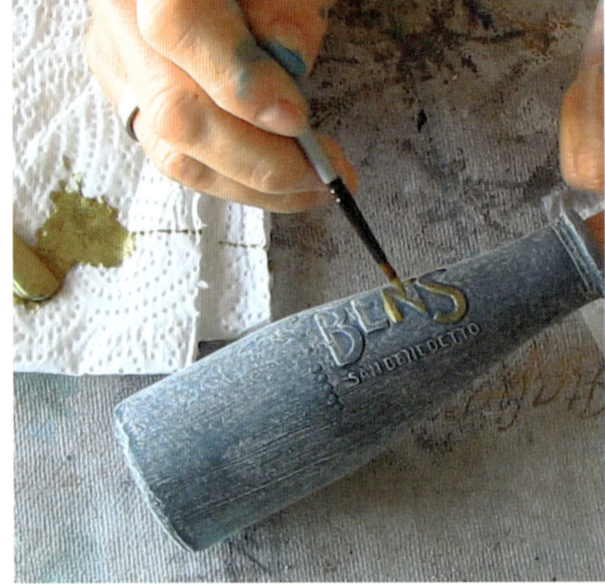

Zum Schluss versiegelst du Tablett und Glasflaschen.

Material:

- Möbelwachs Transparent
- Matter Lack – Shabby-Versiegelung

Werkzeug:

- Fusselfreies Tuch
- 1 weicher Pinsel

So wird's gemacht:

Das Tablett musst du bei Verwendung im Innenbereich nicht unbedingt versiegeln. Wenn du es tun willst, dann reicht hier transparentes Möbelwachs.

Bei einer Nutzung im Außenbereich empfehle ich dir einen matten Shabby Lack.

Die Gläser musst du auf jeden Fall mit einem matten Lack versiegeln, damit der Saltwash®-Look gut hält. Verwende zum Auftragen einen weichen Pinsel, was bei den Glasflaschen besonders wichtig ist.

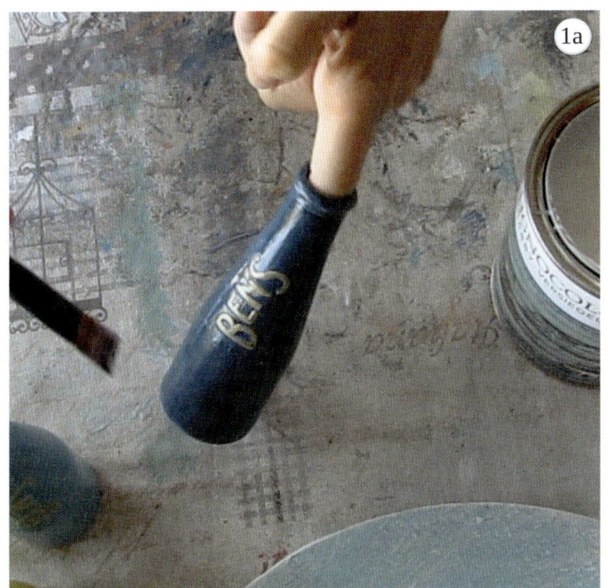
1a
BENS

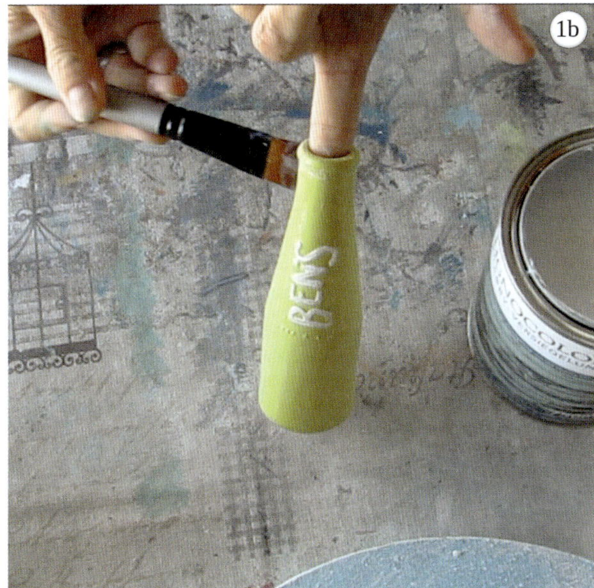
1b
BENS

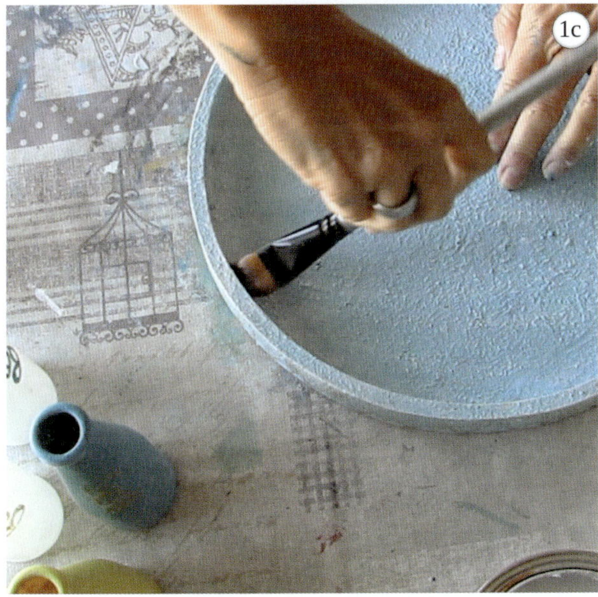
1c

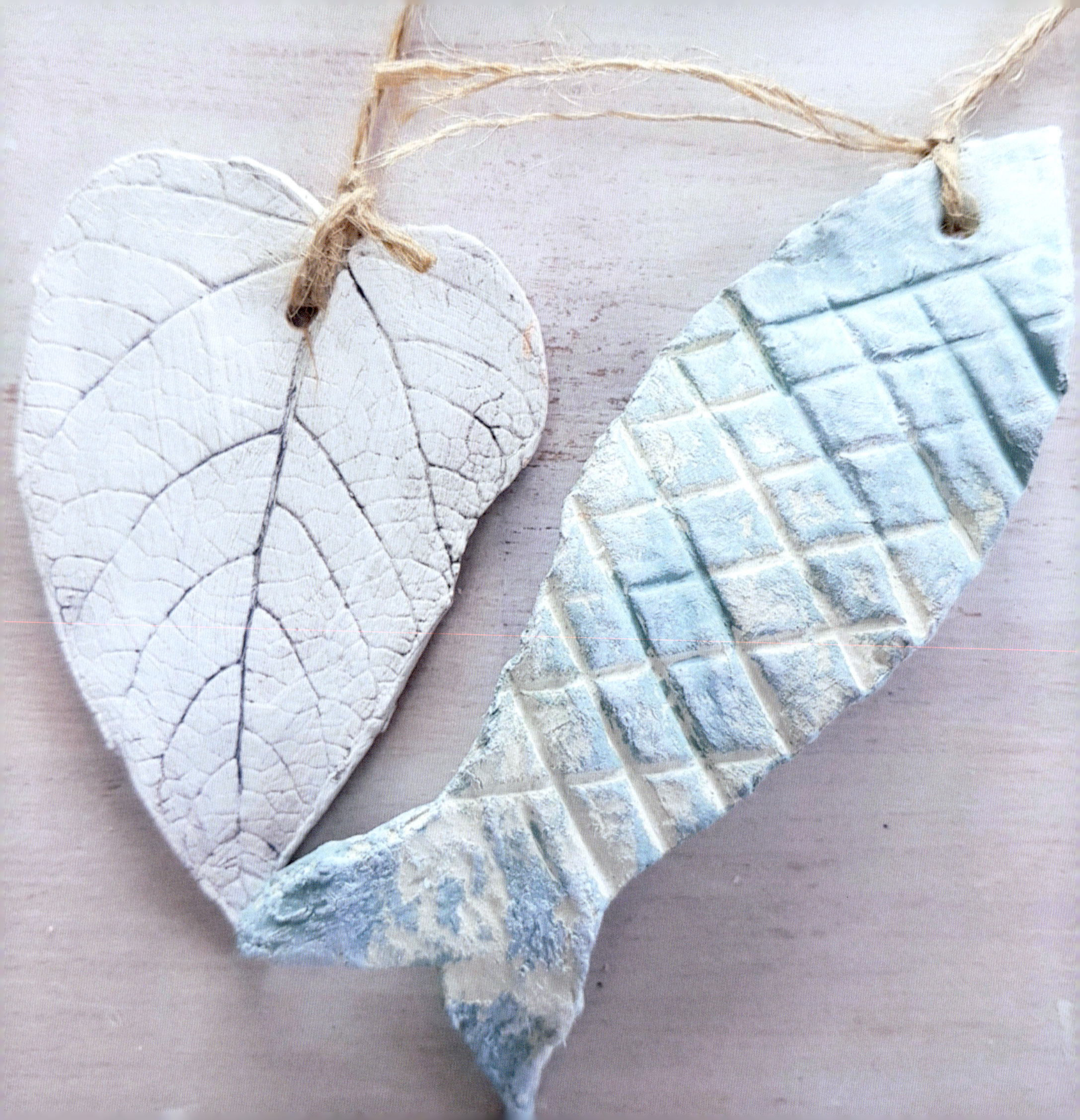

Windspiele im Boho Look

Windspiele finde ich immer total schön. Wenn im Sommer ein laues Lüftchen geht und sie sich so schön im Wind bewegen, dann ist das für mich Sommerfeeling pur!

Und wenn man dann schon dabei ist, kann man gleich ein paar mehr davon machen: für den Garten, die Terrasse, den Balkon …

Diese Kreidefarben-Bastelei kannst du sehr schön mit den Kindern zusammen machen. Mein Sohn hat mir auch geholfen.

Material:

- Kreidefarben in Vintage-Tönen – Reste reichen Hier wurden verwendet: DUCK Egg, Vintage Green, Terracotta und Weiß
- Möbelwachs transparent, Weiß, Schwarz (gibt es auch in Mini-Dosen)
- Lufttrocknende Modelliermasse (mein Favorit: Rayher)
- Blätter von Bäumen oder Büschen
- Holzäste oder Treibholzstückchen
- Juteschnur

Werkzeug:

- Pinsel für jede Farbe einen
- 2 kleine Pinsel für Wachs
- Gummistempel, Holzstempel
- Ausstechformen
- Modellierwerkzeug oder Stifte, Häkelnadeln …
- Schaschlikspieße
- 1 Scalpellmesser oder altes Küchenmesser
- 1 Silikonausroller
- Akkuschrauber

Videoanleitung

https://kreativstattandrea.de/windspiel

So wird's gemacht:

Schritt 1
Fangen wir mit den Zwischenstücken (Perlen) an.

Knete ein Stück Modelliermasse gut rolle es und zu Würsten rollen. Schneide sie dann in ca. 1,5 cm große Stücke und schiebe sie auf dicke Schaschlikspieße. Nun kannst du die kleinen Teile, die Zwischenstücke beim Windspiel, noch nach Herzenslust gestalten: mit Punkten, Strichen, Linien …

Schritt 2
Für die Medaillons, Blätter und Fische rollst du die Modelliermasse mit dem Silikonausroller flach aus – ca. 0,5 cm stark.

Nun kannst du mit den Ausstechformen, den Blättern oder selbst gemachten Vorlagen für Fische deine »Medaillons« aus der ausgerollten Modelliermasse ausstechen.

Wenn du Blätter verwendest, dann rolle mit dem Silikonstab einmal darüber, damit sich das Muster gut abdrücken kann. Danach schneidest du die Blätter mit dem Skalpell oder einem alten Küchenmesser an der Kontur entlang aus.

Ein paar Verzierungen wären jetzt noch schön. Du kannst hierfür die Stempel verwenden oder mit eigenen Mustern aus Punkten und Strichen arbeiten.

Damit diese schönen Windspielteile später auch aufgefädelt werden können, musst du noch zwei sich gegenüberliegende Löcher Schaschlikspieß durchbohren. Lass dieses Stück Holz während der Trocknungsphase in der Modelliermasse stecken.

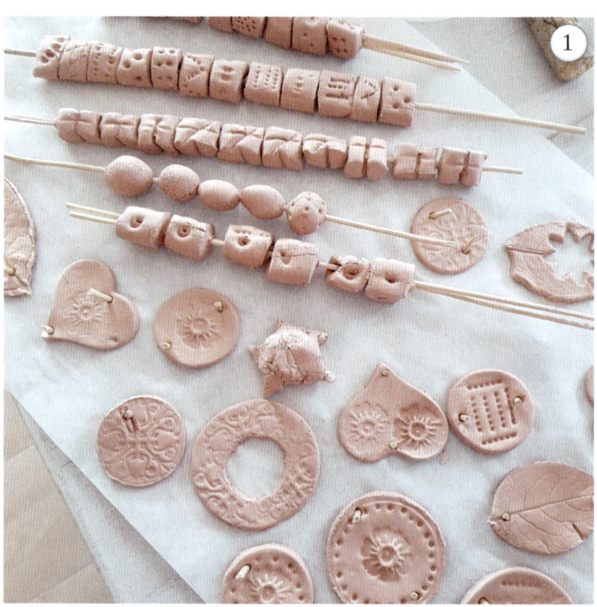

Nun muss die Modelliermasse sehr gut durchtrocknen. Wende sie am besten immer wieder mal, damit sich die Teile nicht so stark verziehen.

Schritt 3
Bemale deine Teile beidseitig mit Kreidefarbe. Du kannst sie ganzflächig in Farbe tauchen oder die Oberflächen mit der Dry-Brush-Technik im Shabby Chic gestalten sowie deine Muster betonen.

Lass die Farbe auf jeden Fall sehr gut durchtrocknen.

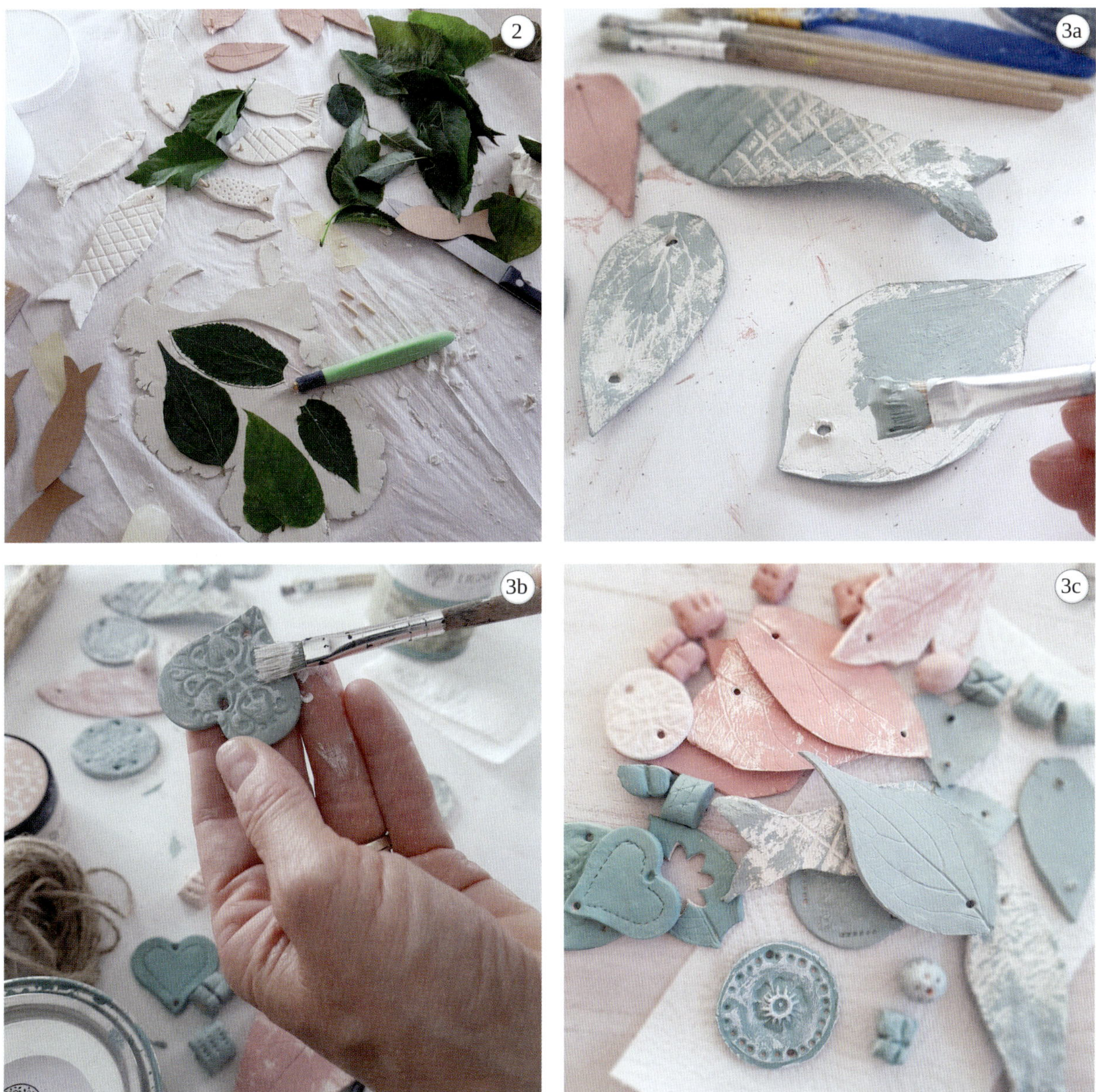
2
3a
3b
3c

Schritt 4

Alle Teile solltest du idealerweise erstmal mit dem transparenten Möbelwachs versiegeln. Nimm hierfür am besten ein Tuch.

Für den besonderen Boho-Charme kannst du nun bei den Farbtönen Terracotta und Vintage Green das weiße Möbelwachs satt mit einem Pinsel auftragen und mit einem fusselfreien Tuch gut einarbeiten. Dadurch wirken die Farben verblasster.

Oder du nimmst das schwarze Möbelwachs, was bei den weißen Blättern sehr gut zur Geltung kommt, und trägst es nun so auf wie für das weiße Wachs beschrieben.

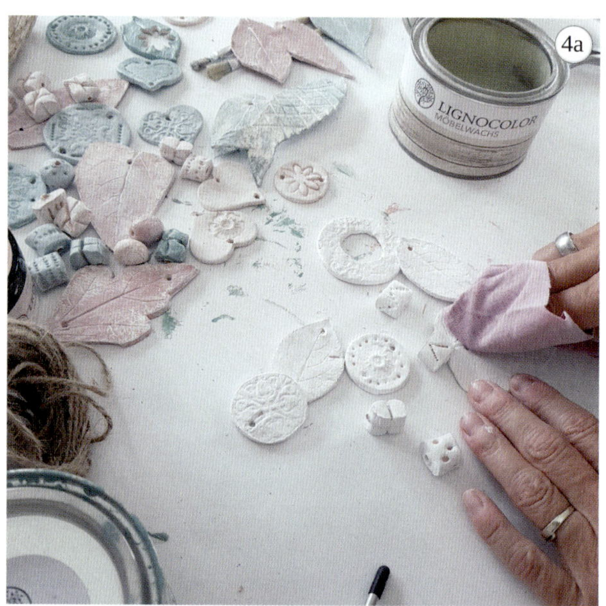

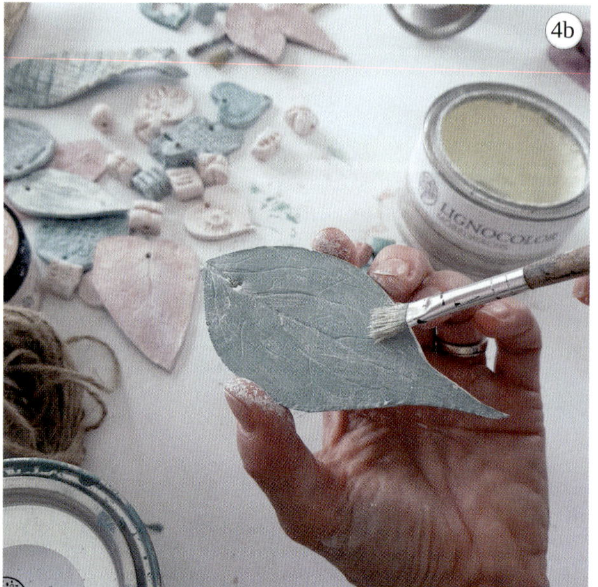

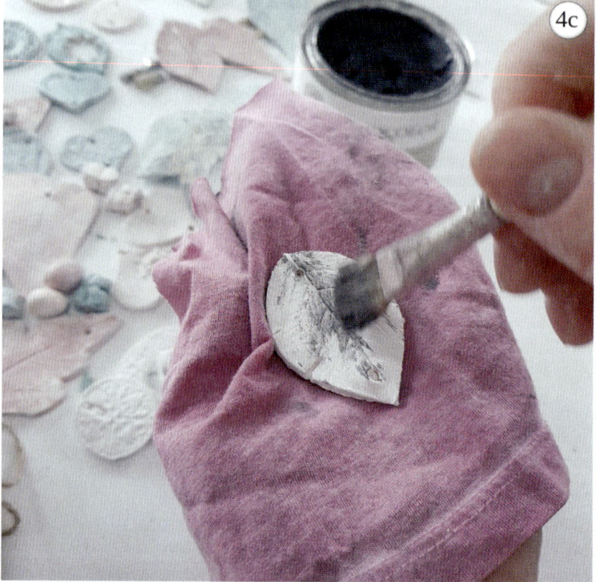

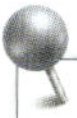

Tipp

Wenn du mit farbigem Wachs arbeiten willst, dann solltest du immer erst eine Schicht transparentes Möbelwachs auftragen. So kannst du das transparente Wachs wie einen Radierer benutzen und nochmal neu anfangen.

Schritt 5

Bohre am besten ein Loch in die kurzen Aststücke, das als Aufhängung für dein Windspiel dient.

Befestige dort Loch eine Juteschnur. Nun kannst du deine einzelnen Teile an dieser Schnur auffädeln und immer oben sowie unten mit einem Knoten sichern.

Es ist sehr hilfreich, sich die einzelnen Windspiele am Tisch erstmal anzuordnen, bevor du knotest.

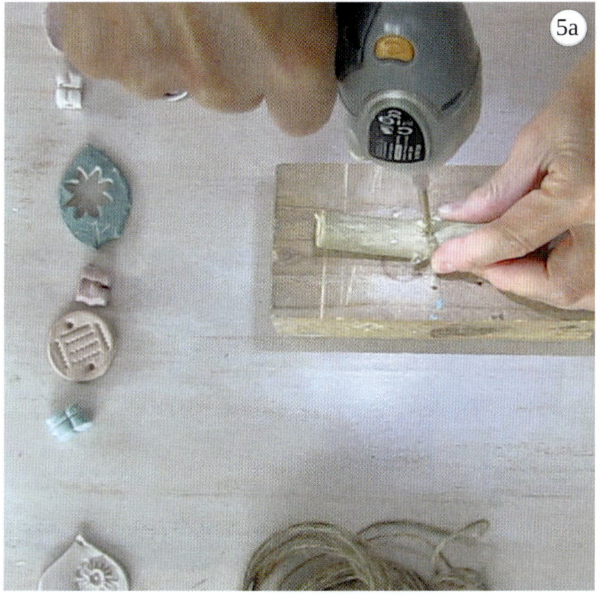

5a

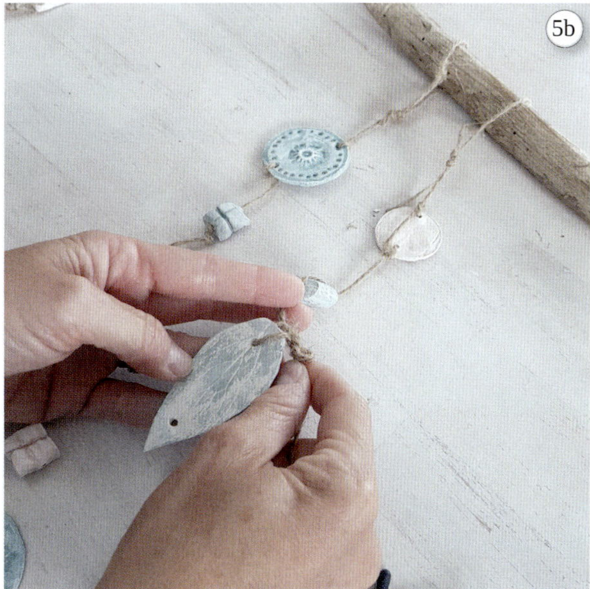

5b

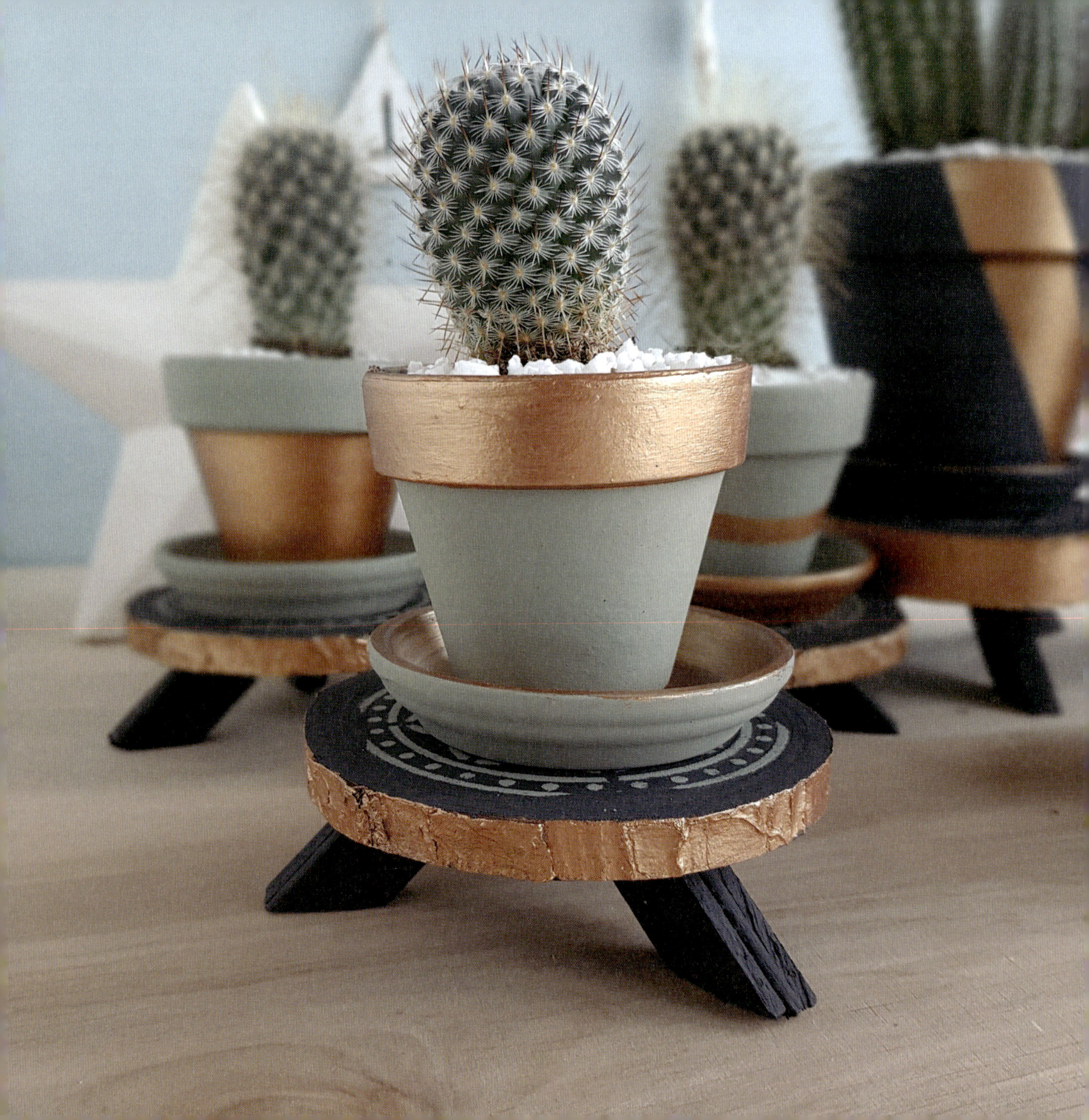

DIY – Mini-Blumenständer und bemalte Tontöpfe

Du hast noch Platz auf der Fensterbank? Wie wäre es mit einem aus Holzscheiben gebastelten Mini-Blumenständer und wunderschön bemalten kleinen Blumentöpfen dazu?

Du kannst Kakteen hineinpflanzen – musst du aber nicht. Es gibt ja auch schöne Sukkulenten, Steinwurze oder Blümchen.

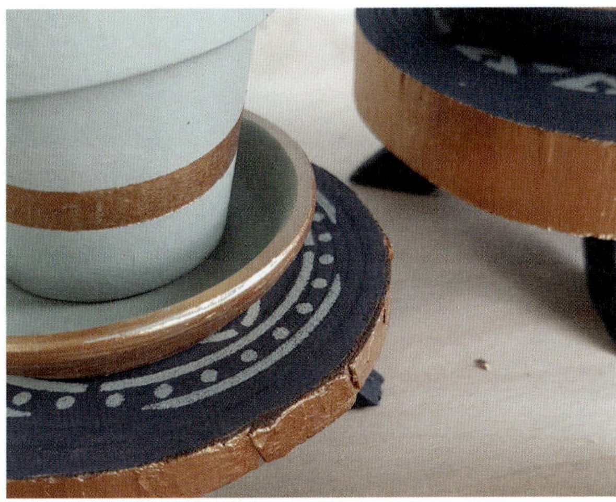

Videoanleitung

https://kreativstattandrea.de/blumenstaender

Material:

- Baumscheiben
- Holzkugeln, Holzklötzchen oder Holzkeile von Keilrahmen
- Kreidefarbe Olive, Nachtblau (Olive und Schwarz mischen), Rose-Gold
- Holzleim Ponal »Fix & Fest«
- Tontöpfe in verschiedenen Größen mit Untersetzer
- Kakteen, Sukkulenten oder Blumen
- Klebeband
- Holzbeize, z.B. Nussbaum

Werkzeug:

- ein paar Pinsel
- 1 Stupfpinsel
- Mandala-Schablonen
- Schneidlade mit Säge
- Kleine Klemmen

So wird's gemacht:

Schritt 1
Säge die Holzklötzchen mit einer beidseitigen Gehrung in der Schneidlade auf deine gewünschte Länge.

Je steiler die Schräge, desto flacher der Fuß. Ergo je schwacher die Schräge, desto höher der Fuß.

Du kannst auch, wie ich, die Holzkeile von Keilrahmen verwenden. Ich habe davon jede Menge zu Hause.

Hiervon musst du immer 3 Stück aufeinander kleben und dann am besten mit einer Klammer zusammenhalten, bis der Leim getrocknet ist. Dann erst darfst du sägen.

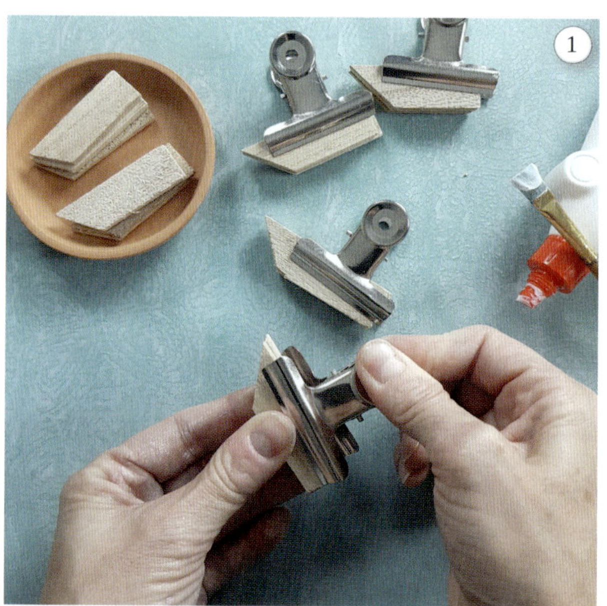

Schritt 2
Als nächstes klebst du immer 3 Füße unter die Baumschaube. Wenn du hierfür den Holzleim »Fix & Fest« verwendest, dann brauchst du keine weitere Fixierung.

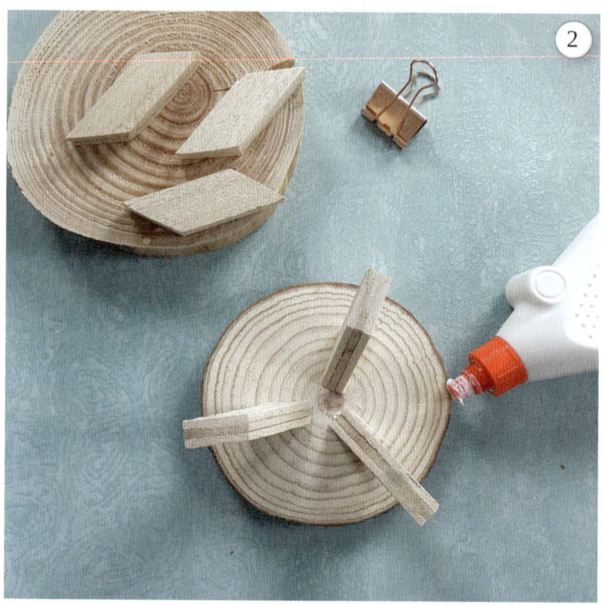

Schritt 3
Streiche nun die Blumenständer im Farbton Nachtblau. Dazu mischst du Olive und Schwarz im Verhältnis 1:1.
Sollten deine Baumscheiben eine Rinde haben, dann verwende hier am besten einen schönen Bronzeton wie Rose-Gold.

Schritt 4
Schabloniere die Oberseite nach Belieben. Hierfür habe ich kleine Mandala Schablonen genommen. Die passen von der Größe her perfekt.

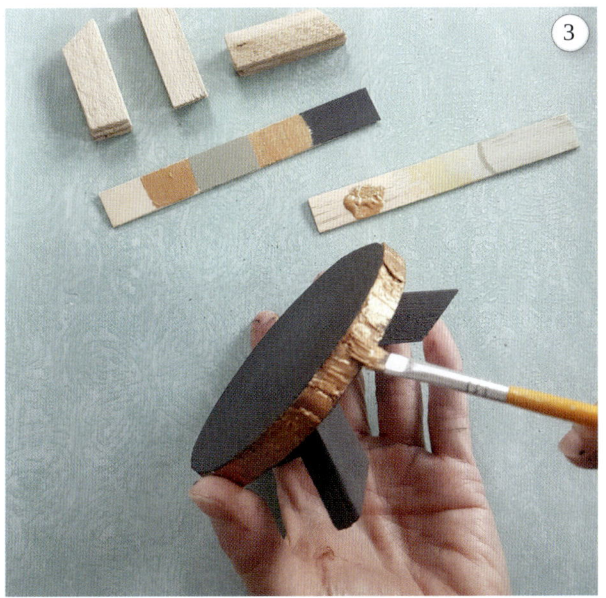

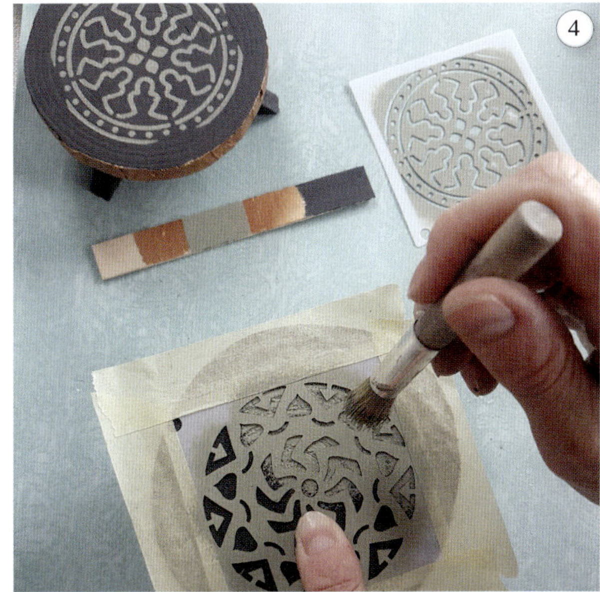

Schritt 5
Nun werden noch die Tontöpfe in den Farben Olive, Nachtblau und Rose-Gold gestrichen.

Schritt 6
Verwende zum Abkleben ein Kreppband. Das Bemalen mit feinen Strichen gelingt dir besonders gut, wenn der Pinsel nach jedem Strich mit Farbe aufgetankt wird.

Wenn du willst, kannst du die Mini-Blumenständer und auch die bemalten Tontöpfe noch versiegeln. Für einen matten Look nimmst du einen matten Lack (Shabby-Versiegelung) oder für einen glanzvollen Auftritt einen glänzenden Lack (Serviettenlack ging hier zum Beispiel).

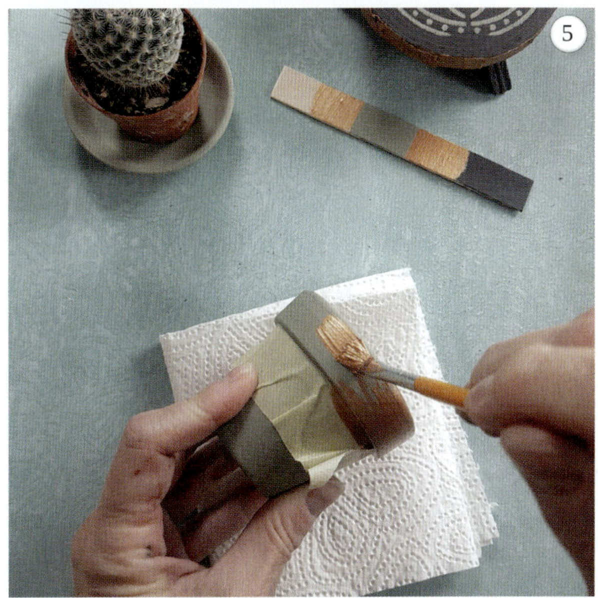

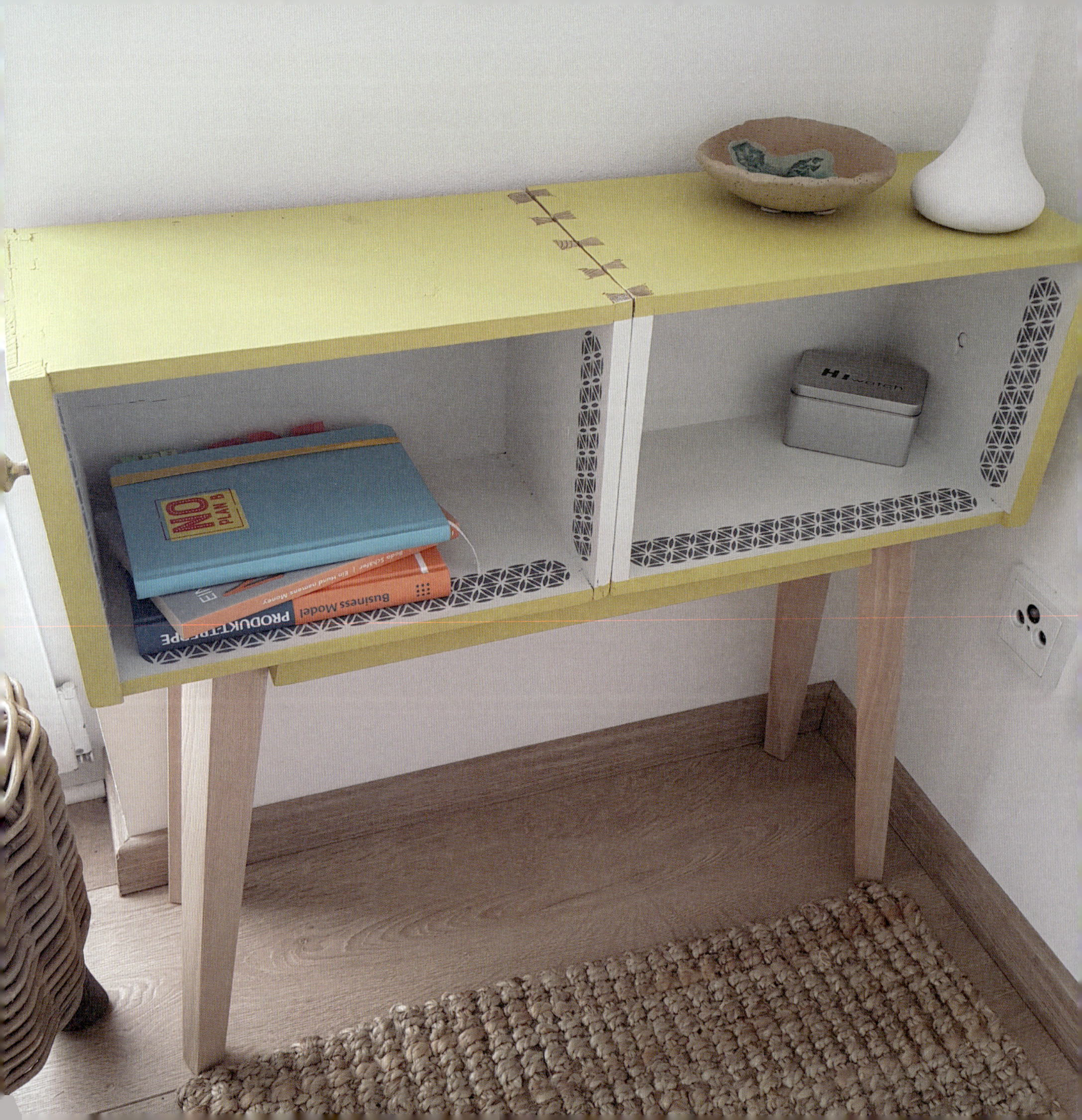

NO
PLAN B
Business Model

Konsole aus alten Schubladen

Diese 3 Schubläden sind nach dem Upcycling einer schmalen Kommode übrig geblieben.

Zum Wegwerfen sind sie viel zu schade. Sie sind aus Vollholz und damit kann man wunderbar ein neues Kleinmöbel bauen: eine offene kleine Konsole.

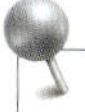

Tipp

Hierfür kannst du auch Holzboxen verwenden. Außerdem kannst du zum Verbinden der beiden Teile auch ein Brett als Bodenplatte verwenden, statt wie ich ein Vierkantholz als Querträger zu nehmen.

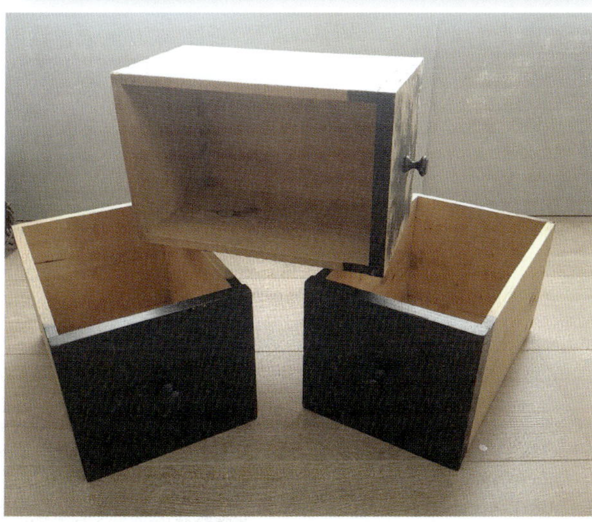

Material:

- Zwei alte Holzschubladen oder Holzboxen
- Möbelfüße – hier konisch eckig: ***https://amzn.to/3gZnkfb***
- Kreidefarbe Light Grey, Mustard, Storm
- Sperrgrund Weiß
- Shabby-Versiegelung Matt
- Transparentes Möbelwachs
- Schleifpapier Körnung 180 und 240
- Vierkantholz 30 mm stark bzw. ein Holzbrett (Regalbrett)
- Schablone

Werkzeug:

- Farbrolle (kurze Faser) und Farbwanne
- Pinsel
- Stupfpinsel
- Wachspinsel oder fusselfreies Tuch
- Holzleim
- Schrauben
- Schraubzwingen
- Abklebeband
- Akkuschrauber

So wird's gemacht:

Schritt 1
Schleife die alten Schubladen (Holzboxen) mit Schleifpapier 180 und im zweiten Durchgang mit 240. Sollten sie lackiert bzw. schon mal gestrichen sein und ist die Oberfläche in Ordnung, dann reicht ein leichtes Anschleifen aus.

Schleife auch die Vierkanthölzer am besten gleich mit oder, wenn du ein Brett als Bodenplatte verwendest, dann dieses.

Danach musst du alles gut entstauben und mit Fettlöser oder Anlauger reinigen.

Schritt 2
Trage im Innenbereich den weißen Sperrgrund auf. Das ist nur notwendig bei einem sehr hellen Farbton und bei Holz, das zum Ausbluten neigt (Gerbsäure).

Schritt 3
Mit dem Light Grey rollst du den Innenbereich mit 2 Schichten.

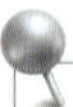

Videolink

https://kreativstattandrea.de/konsole

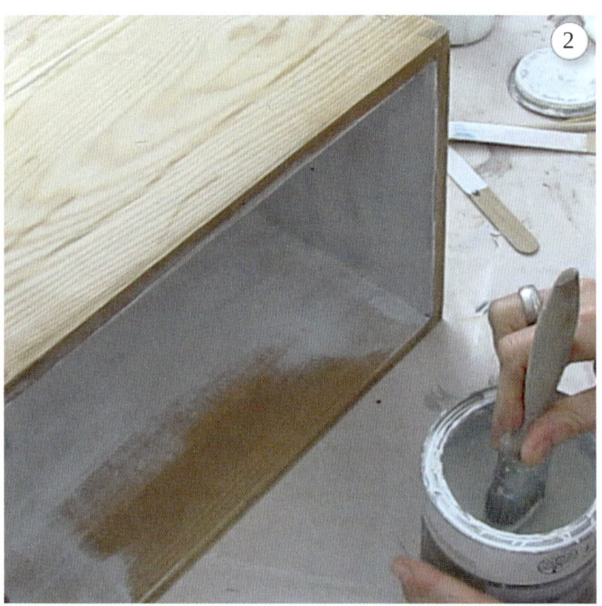
2

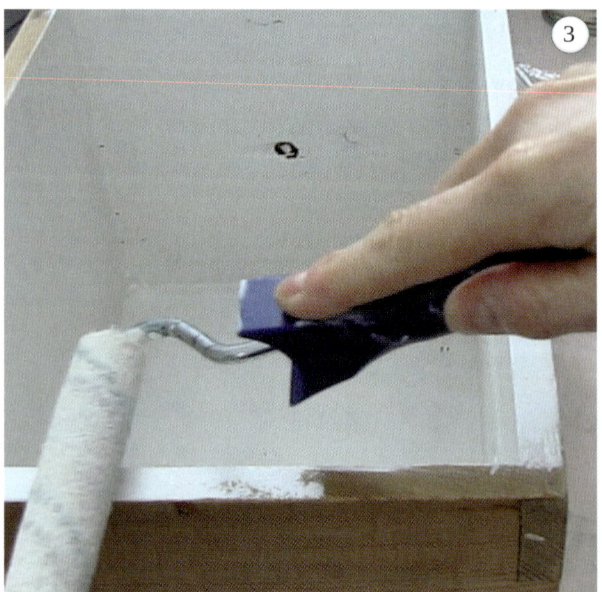
3

Schritt 4
Auf der Außenseite habe ich die »Holzzapfen« und auch die Möbelknöpfe (waren schon dran) gut abgeklebt.

Mit der Farbrolle rollst du zwei Schichten vom Farbton Mustard auf. Wenn du eine Bodenplatte verwendest, dann klebe und schraube deine Schubladen zuvor von unten auf das Brett, damit du es gleich mitstreichen kannst.

Schritt 5
Für den besonderen Look kommen die Schubläden innen am Rand entlang noch ein Dekor im Farbton Storm schabloniert. Dazu klebst du dir eine kleine Mandala-Schablone passend ab.

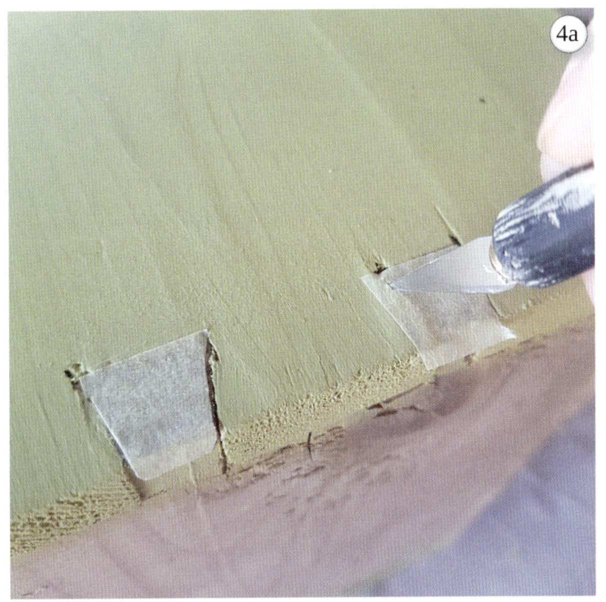
4a

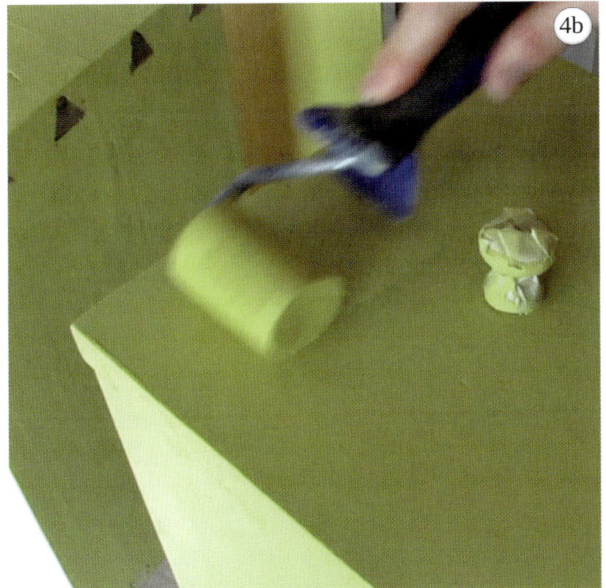
4b

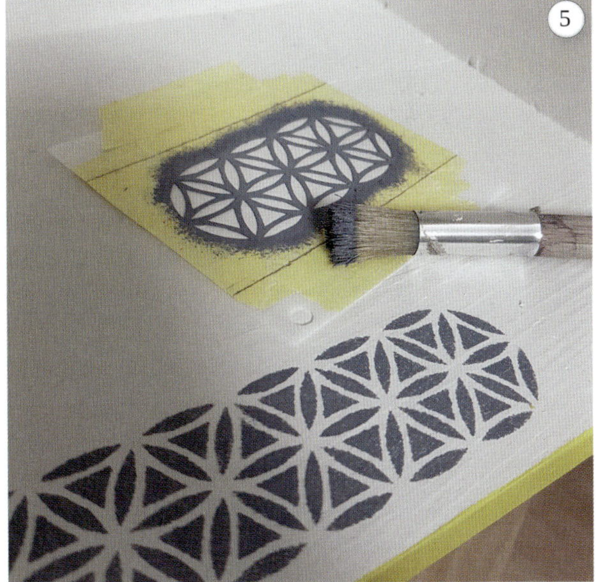
5

Schritt 6
Um den schönen hellen Farbton der Füße (hier: Buchefüße) lange zu erhalten, streichst du diese mit dem matten Lack »Shabby-Versiegelung«.

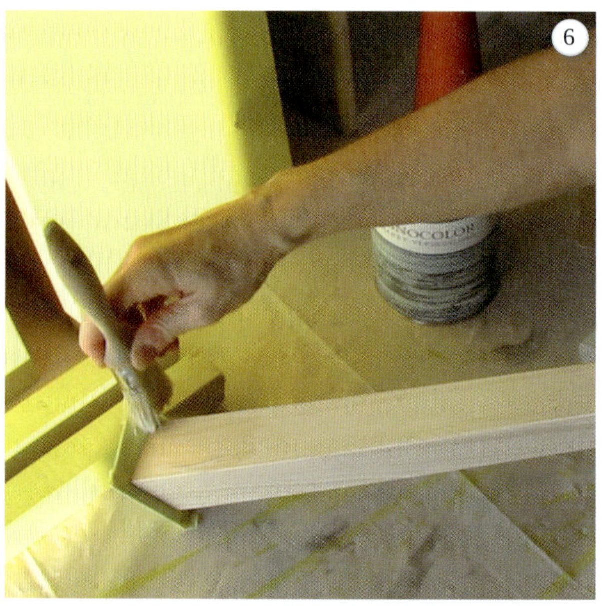
6

Schritt 7
Nun ist es an der Zeit, die Möbelfüße auf der Unterseite auszurichten und dir das Vierkantholz in der passenden Länge zurecht zu sägen. Auch diese Querstrebe wird in Mustard gestrichen.

Jetzt musst du die Füße und die Querstrebe auf die Unterseite der beiden Schubläden schrauben. Fixiere dazu am besten die beiden Schubladen mit Hilfe von Schraubzwingen.

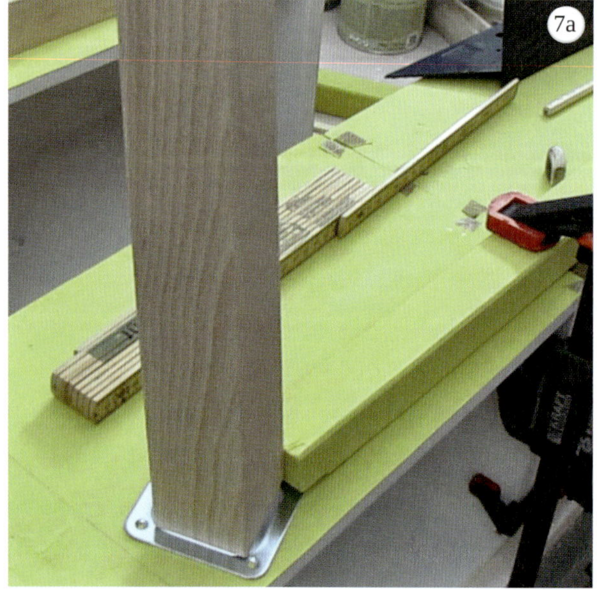
7a

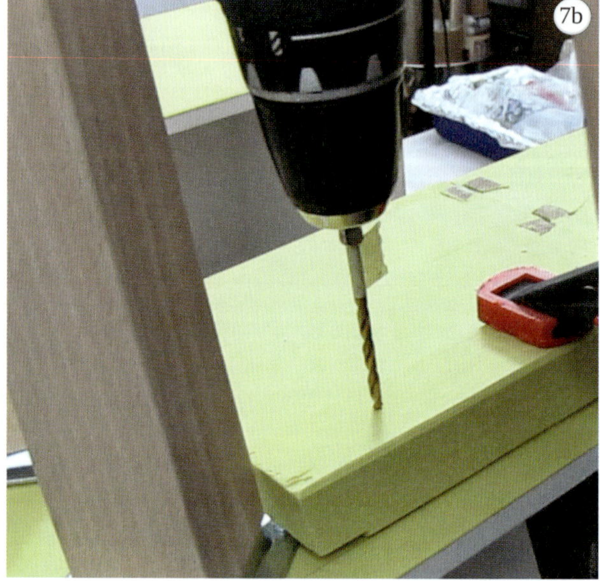
7b

Schritt 8
Die beiden Schubladen sowie die Querstreben werden mit transparentem Möbelwachs versiegelt.

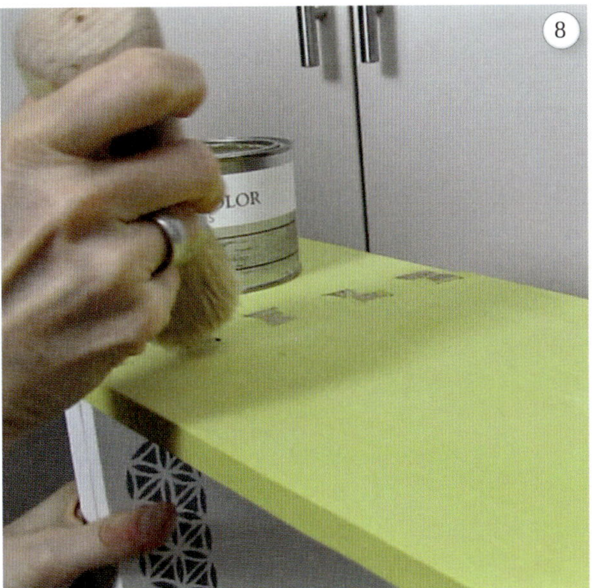

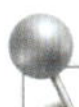

Tipp zu Schritt 7

Du kannst dir mit dem Bleistift Hilfslinien ziehen. Nach dem Bohren kannst du die Bleistiftstriche einfach wieder wegradieren.

Bohre die Löcher immer vor, damit es keine Risse oder Sprünge gibt. Den Bohrer kannst du dir mit einem Kreppband markieren, damit du nicht zu tief in das Holz bohrst. Die Schrauben sollten ja nicht im Inneren der Konsole zu sehen sein.

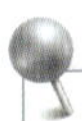

Variation zu Schritt 7

Wenn du es besonders schön magst, dann schräge das Vierkantholz an den Stirnseiten passend zu den Möbelfüßen an.

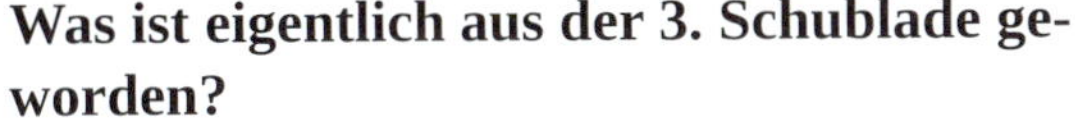

Was ist eigentlich aus der 3. Schublade geworden?

Die dritte Schublade kannst du als kleines Regal über der selbstgebauten Holzkonsole verwenden. Sie ist wie ein kleiner Schaukasten und ideal, um hier zum Beispiel ein kleines Bild hineinzuhängen.

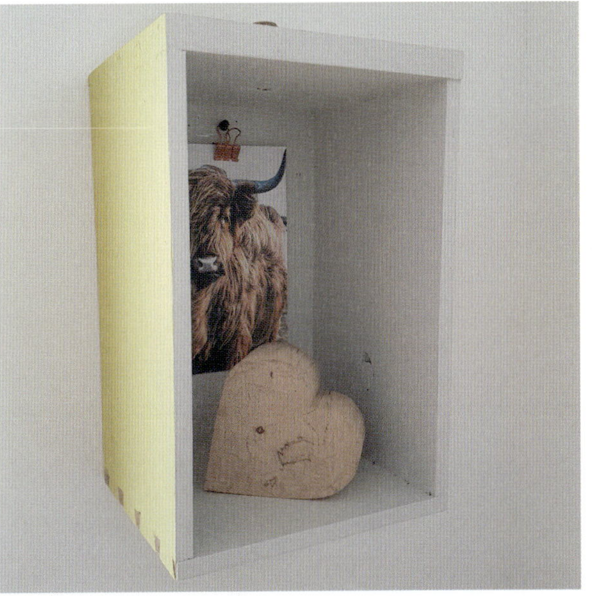

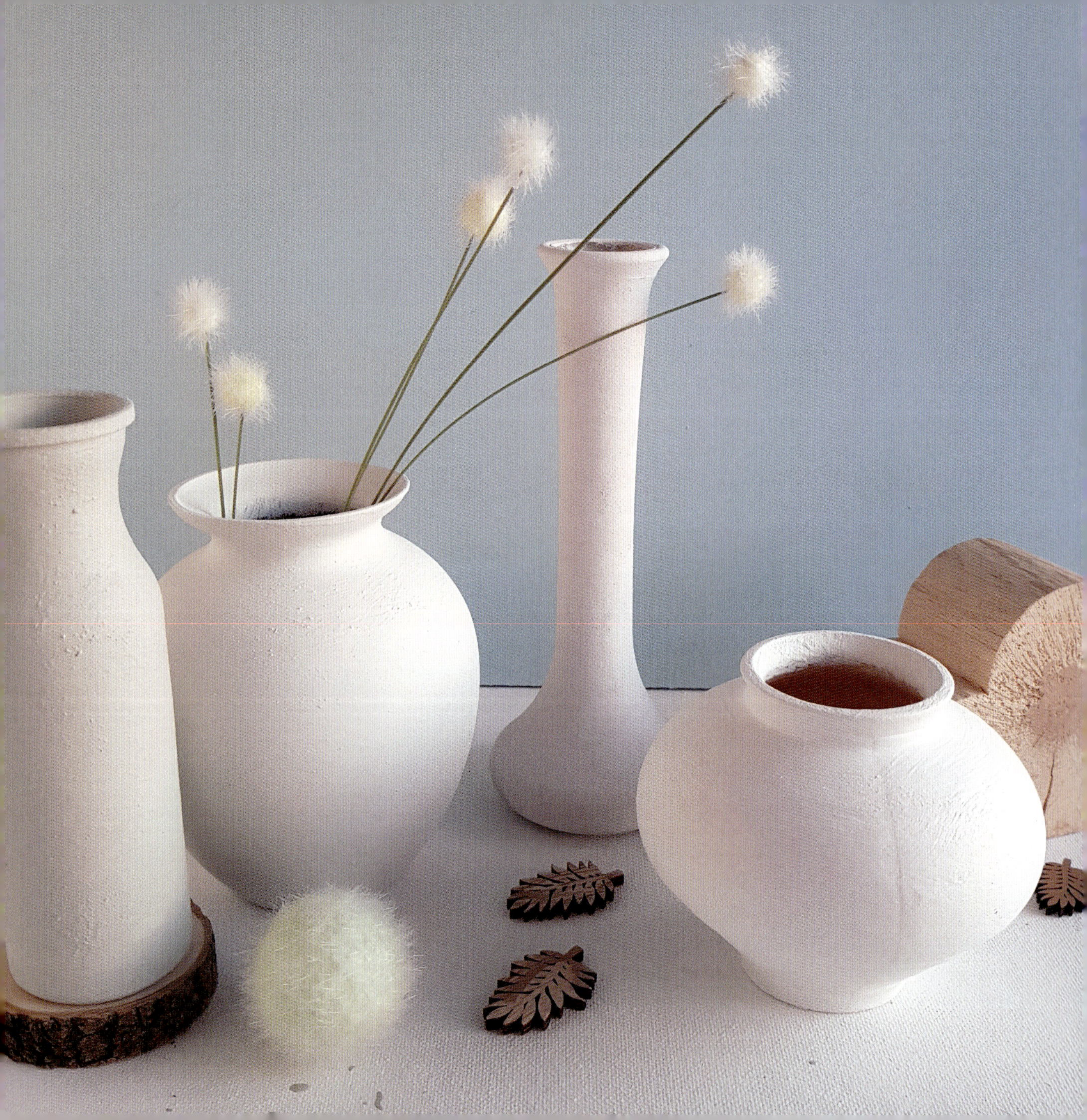

Terracotta-Vasen

Wie viele Vasen hast du zu Hause im Schrank stehen, ohne dass sie noch genutzt werden, weil sie einfach nicht mehr modern sind oder nicht mehr zu deinem derzeitigen Farb- und Wohnkonzept passen?

Hier kommt die Abhilfe: Terracotta kommt nie aus der Mode und du kannst hier farblich deinen Ton treffen.

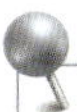

Tipp

Verwende ein Naturweiß (Cremeton) und gib einen Schuss von einer zweiten Farbe dazu. So kannst du dir jeden erdigen Farbton selbst mischen und auch die Intensität selbst bestimmen.

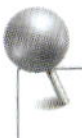

Videoanleitung

https://kreativstattandrea.de/terracotta

Material:

- Gefäß aus Glas, Ton, Blech – alte Vasen
- Kreidefarbe in erdigen Tönen – hier geht auch ein beiges Grau oder ein Naturweiß
- Backpulver oder Natron
- Shabby-Versiegelung (matt) oder transparentes Möbelwachs (für Nutzung drinnen)

Werkzeug:

- Flachpinsel
- Gefäß zum Mischen (Glas, Pappbecher oder -teller)
- Sprühflasche (Nebler) mit Wasser

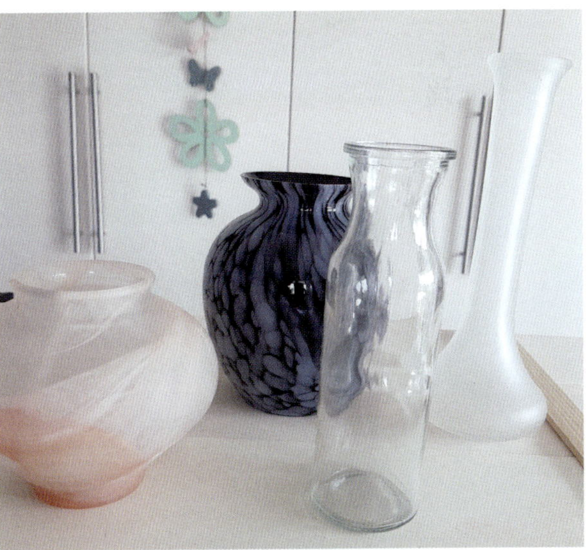

So wird’s gemacht:

Schritt 1
Reinige deine Gefäße am besten mit einem guten Fettlöser.

Schritt 2
Mische deine Farbe mit dem Backpulver / Natron. Das Mischverhältnis ist 1 EL Backpulver / Natron auf 250 ml Farbe.

Du brauchst für ein Gefäß meist nur 2 TL Kreidefarbe. Deswegen musst du hier mit dem Backpulver /Natron sehr vorsichtig rangehen. Nach dem Verrühren schäumt es etwas auf und verdickt sich dann. Du kannst jederzeit etwas Farbe oder Wasser dazugeben, sollte es zu pampig werden.

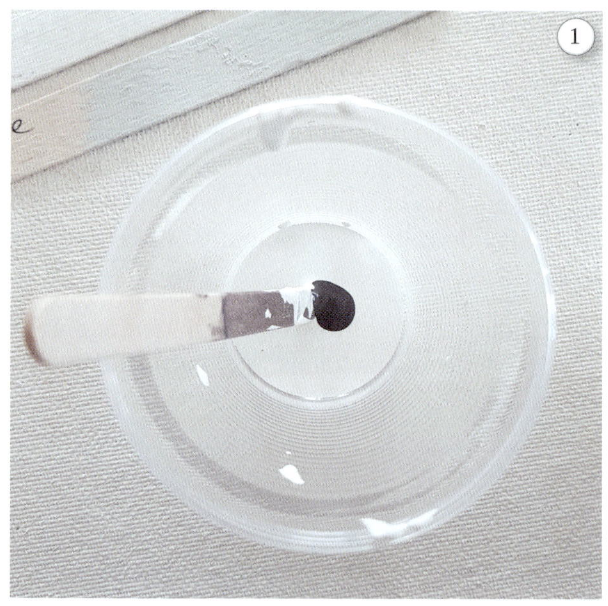

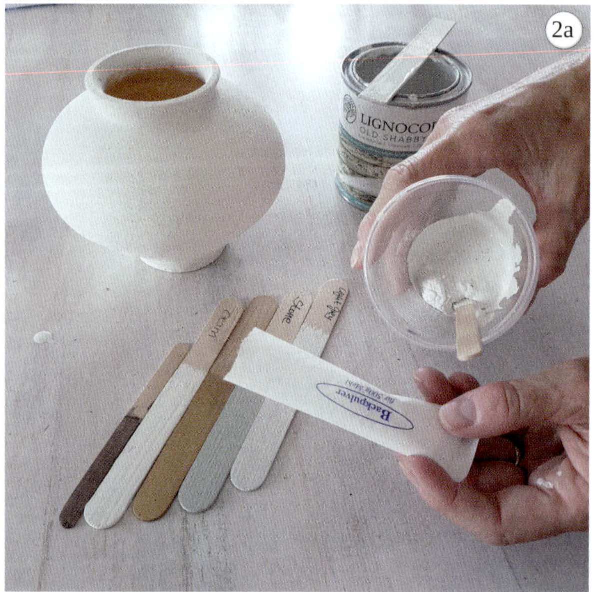

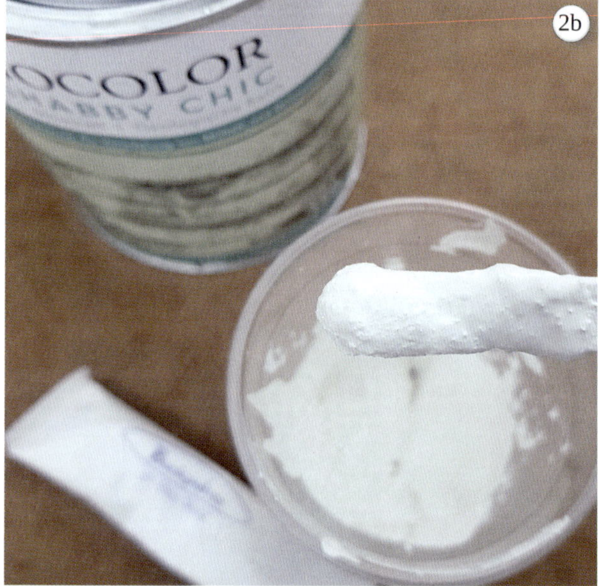

Schritt 3
Nun trägst du zwei Schichten des Farbgemischs mit einem flachen Pinsel auf dein Gefäß auf. Du kannst es tupfen oder einfach aufstreichen.

Geh auch ein Stück in den Innenbereich deines Gefäßes. Lass jede Schicht sehr gut trocknen.

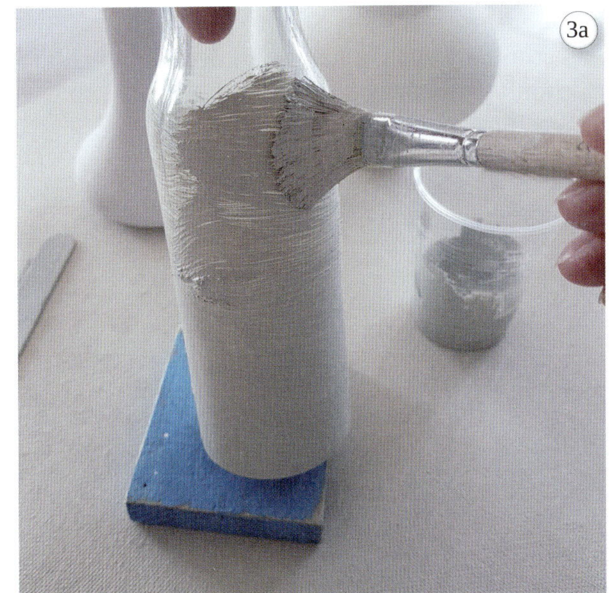
3a

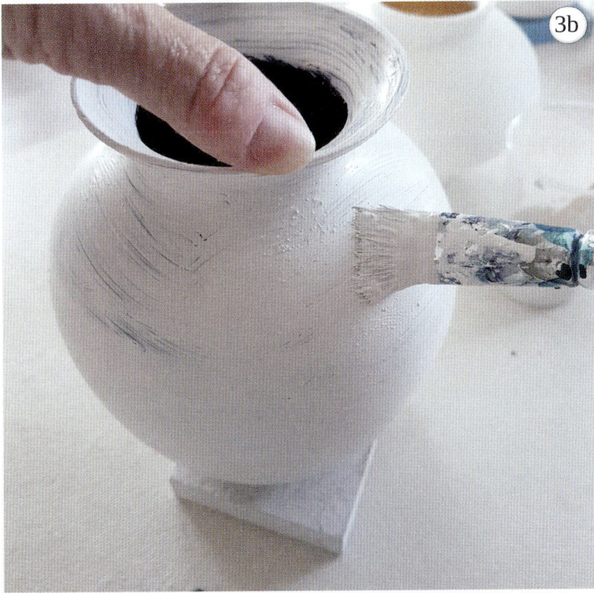
3b

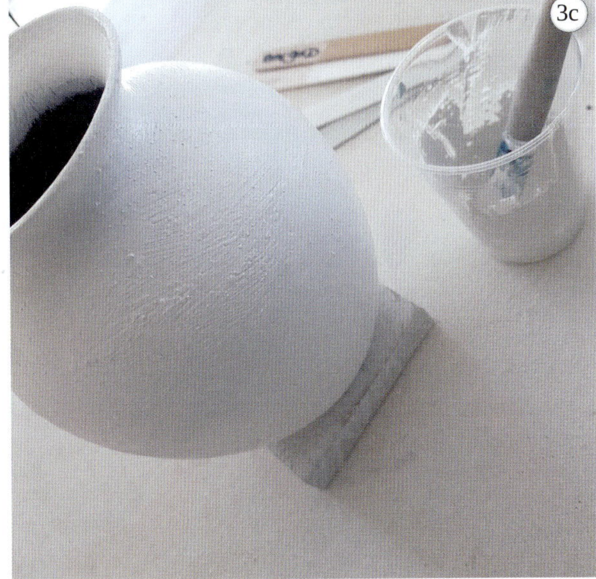
3c

Schritt 4

Als dritte Farbschicht kannst du den Farbton ohne Backpulver nochmal hauchdünn auftragen, so wie ich das hier gemacht habe.

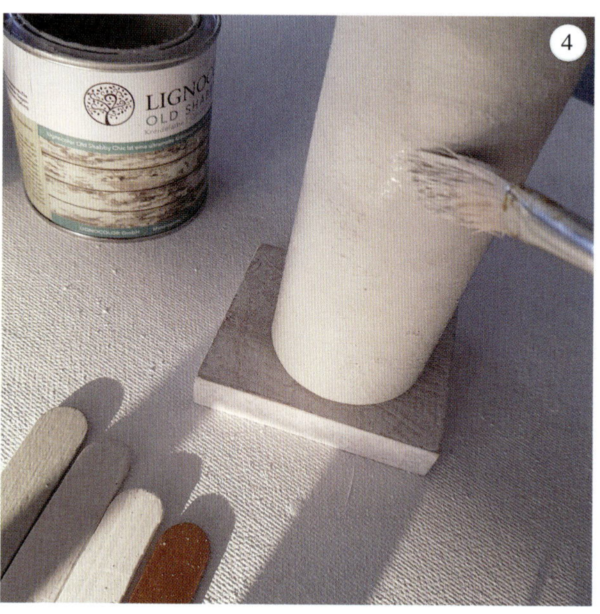

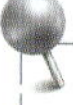

Tipp

Als weitere Variante könntest du einen zweiten Farbton verwenden, diesen mit Wasser verdünnt auftragen und mit einem fusselfreien Tuch wieder abtupfen.

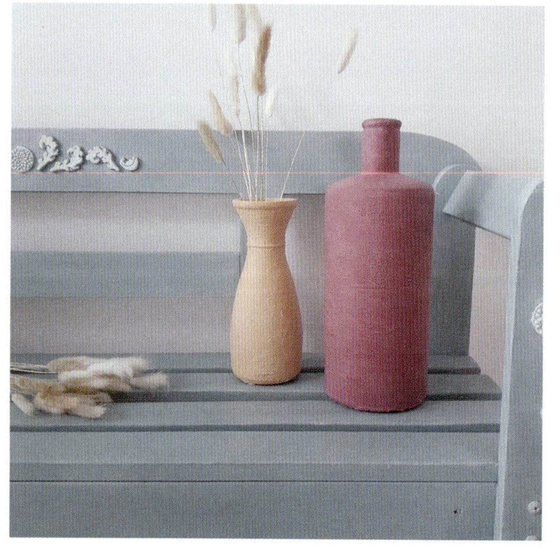

Schritt 5

Am Ende solltest du die Oberfläche noch versiegeln. Je nach Standort empfehle ich dir für drinnen ein transparentes Möbelwachs, für draußen einen matten Lack.